审　　订：张世满等
本册编写：王晓娟

山西故事

历史人物

晋旅／主编

山西出版传媒集团 山西人民出版社

写在前面

在地球的东方，有一片神奇的土地，它头枕长城、脚踏黄河，是中华文明的发祥地，中国上古圣贤尧舜禹皆生于斯长于斯成于斯，它的名字叫中国山西。

5000多年文明在这片15.67万平方千米的土地上留下了辉煌灿烂的文化遗存。一个个王朝，一个个世纪，浩如烟海的历史瑰宝层层叠叠，不落尘埃，交相闪耀在历史的天空，让人目不暇接。

或许是这片土地上的历史太过悠长、太过厚重，即使是专业的历史文化学者穷极经年亦难窥其万一。

《山西故事》的创意原始而又简单，就是想在浩瀚的历史时空中，撷取那些时光凝成的精华，把发生在这片土地上的最重大的历史事件、最重要的历史人物、最典型的历史地理变迁和传承至今的文化风物，用小故事的方式呈现给您，让您在愉快的旅途中、茶余饭后的闲适中、忙碌工作的余暇中，轻松地了解中国山西、读懂中国山西、爱上中国山西！

王一新

目录

远古时代

商周

魏晋南北朝

隋唐五代

宋元

明清

民国到新中国成立后

远古时代

尧

爱百姓就像爱家人

尧，本名放勋，帝喾的儿子，黄帝的玄孙。

传说尧13岁奉命辅佐哥哥帝挚。尧好学能干，仁慈爱民，实在比哥哥强上百倍。很多部落首领纷纷离开挚，投靠了尧。帝挚也自觉不如尧圣明，最终于继位九年之后，将帝位禅让于尧。

尧把都城建在平阳，即今临汾。当上天下之主后，尧还是非常勤奋，生活也很简朴，粗茶淡饭，补破遮寒。他制定法度，禁止欺诈，让人们懂得诚信；设置谏鼓，让普通人对国事发表自己的意见，还树立谤木，鼓励老百姓批评自己的过失。他说，“如果有一个人挨饿，就是我饿了他；如果有一个人受冻，就是我冻了他；如果有一个人获罪，就是我害了他。”就这样无微不至地关心百姓，所以大家都十分拥戴他。

回头看看自己的经历，尧深深懂得，如果像父亲帝喾一样靠占卜，或者随意指定某一个儿子为继承人，那么臣子们不会得到明君，天下不会太平，百姓也会因此受苦。他说，“我不能让天下人受害而只对一个人有好处！”所以，在继承人方面，尧非常慎重。臣子们推举出舜后，尧用了二十多年来考察舜的德行，最后才放心地把天下百姓交给他。

帝尧胸怀天下，大力提倡道德与和顺，让天下百姓和睦相处，部落之间和谐一致，因而天下安宁，政治清明，世风祥和。

临汾尧庙　梁　铭 / 摄影

舜

让出来的伟人

19世纪英国作家、社会活动家罗斯金说过，“我认为一个真正的伟人，其第一个考验即是谦让。”在古代中国，就有这么一位伟大的帝王——舜。

舜的本名为姚重华，历史上称为虞舜。《史记》记载：“舜生于蒲坂（今永济市），渔于获泽（今阳城县），耕于历山。”舜很小就出来劳作，以维持全家的生活。他曾到历山耕种，让历山的人相互推让地界；他去河滨制陶，让制陶的工人都不再偷工减料；他在雷泽捕鱼，让雷泽的人都推让渔界。舜谦让的美德传遍了四方。

尧帝的年纪大了，要找接班人，大家就推举了舜。舜先被尧封为虞侯，后又代替尧管理国家大事，将国家管理得井井有条。经过多方考验，舜终于得到尧的认可。于是选择吉日，举行大典，尧禅位给舜，《尚书》中称舜“受终于文祖”。

舜王坪　李广洁 / 摄影

舜将蒲坂作为都城。执政后，他重新修订历法，还到各地巡狩，祭祀名山，召见诸侯，考察民情。舜规定以后每五年巡狩一次，考察诸侯的政绩，明定赏罚。可见，舜注意与地方的联系，加强了对地方的统治。

他还把尧的联盟议事会改革为贵族议事机构。尧的议事会成员没有具体的分工，而舜根据每个人的长处，分别委以不同的职务，权责分明，提高了办事效率。舜还定期考核官员的政绩，有成绩的加以提拔，不称职的就罢官。

舜年老后，觉得自己的儿子商均不成器，就确定了威望最高的禹作为他的继任者，继续推行禅让制。

其实，关于舜的继位，还有一个与史书记载差异很大的传说。据说舜将尧囚禁起来，不让其与儿子丹朱见面，自己则篡权夺位，做了天子——不管真相如何，舜凭借自己的能力得到尧帝的赏识，最后又将王位禅让给了有能力的禹，而不是自己的儿子。单就这一份肚量，也堪称伟人了。

禹

治滔天水，统九州民

都说“金无足赤，人无完人”，而大禹却堪称“完人”。圣人孔子如此评价道：我简直找不到他的一点缺点。他的宫室简陋却没有想去改善，而是尽全力平治水土，造福黎民，开沟渠，发展农耕，鼓励人民从事劳动。

世界各地的民族中，几乎都有关于大洪水的记载。帝尧时，洪水来了。鲧奉命治理水患，九年后，因治水不力而被舜处死。禹子承父志，接受了治水的任务。

禹吸取父亲失败的教训，行万里路，实地调查，终于决定用疏导的办法来根治水患。他治水13年，曾经三次路过家门。第一次经过家门时，听到妻子分娩，生下了孩子；第二次经过家门时，咿呀学语的儿子在妻子怀里向他招手；第三次经过家门时，儿子已经长大，跑过来使劲把他往家里拉。可他为了治水大业，一次也没有踏进家门。

治水期间，禹翻山越岭，趟河过川，拿着测量工具，由西向东，一路测度地形高低，树立标杆，规划水道。逢山开山，遇洼筑堤，疏通水道，引洪水入海。

因为治水，禹走遍天下，不仅了解了各地的地形，而且对当地的习俗、物产也了如指掌。他把天下规划为九州，还规定了各州的贡物品种。

舜在位33年时，正式把天子之位禅让给禹。17年后，舜去世。三年治丧完毕后，禹将帝位让给舜的儿子商均，但天下诸侯都离开商均去朝见禹。历史似乎重演了当年舜让位给尧的儿子丹朱，但大家都离开丹朱拥戴舜的那一幕。

禹即位后，为巩固统治，他去南方巡视，在涂山约请诸侯相会，还将各方诸侯、部落酋长们送来的青铜铸了代表天下九州的九个鼎。九鼎从此成为中国历史上王权的象征。

商　周

傅说

从奴隶到宰相，从圣人到星宿

中国古代历史中的人物，死后变成星宿的不多见，山西曾出过一位，名叫傅说。

山西平陆有个太臣村（原名大臣村），据传是傅说出生的地方。在平陆，傅说留下了不少历史遗迹，如他筑城的地方有条小溪，叫“圣人涧”，小溪旁的村庄是圣人涧村，村中有个圣人庙，庙里还有个傅说祠。每年农历四月初八，这里都要举行隆重的官祭大典，四月初一到初十还有庙会，都是为纪念圣人傅说而来。

傅说（生卒年不详）是商朝时的奴隶，没有姓氏。后来因为曾在傅岩（今山西平陆东）做修墙的苦役，人们便称他为傅说。虽然出身低贱，很难有出头之日，但傅说很聪明，懂得如何充分发挥自己的才干。

那时还没有发明砖，人们只懂得用泥来砌墙，但是这样的墙很不结实，大水一冲就塌了。傅说发现，如果用两块木板相夹，中间填满泥土，用杵捣紧，板外再用木柱支撑住，这样造出的墙比普通的泥墙紧实、坚固。这种技术是我国建筑史上的巨大进步。

一传十，十传百，傅说筑墙的办法被大家广为传颂，最后传到了国君武丁（约前1250—前1192）的耳朵里。武丁认为傅说是个人才，想起用他，可是将一名奴隶召到朝中，恐怕会引起贵族的不满。于是，武丁假托“天命”，说自己做梦梦见了圣人，圣人向他推举一个叫“说”的人，可以为相。

傅说就这样入朝当了宰相。他竭尽文韬武略辅佐武丁，殷商国势达到鼎盛，成就了“武丁中兴”，傅说也被尊为“圣人”。

传说他死后成了神仙，变为天上的一颗星，即“傅说星”，又名“天策星”。一些古代著名典籍如《庄子》《淮南子》《左传》《史记》等都对此有所记载，如《庄子》中说：“傅说，殷高宗之相，死而托神于此星，故名为傅说星也。”

唐叔虞

受封唐国，抚和戎夏

太原市区西南25公里处，有个悬瓮山，山下的晋祠，是为纪念周武王的儿子姬虞而建，距今已有上千年历史。

周朝时，为了确保国家的稳定安宁，天子定下一个规矩，把一些前代圣王的后代、王室宗亲和功臣们分封到各地，建立诸侯国，帮助天子治理天下。于是，姬虞（生卒年不详）被哥哥周成王分封到唐国，位于今天的山西境内。中国古代兄弟长幼排序，依次为伯、仲、叔、季，姬虞是老三，封地在唐，故人们称他唐叔虞。

当时唐国的四周有不少部族，经常因为利益发生争斗，局势比较动荡，天子此时派了自己的亲弟弟去治理，应是满怀希冀和期望的。天子在国都举行了盛大的册封庆典，赠给姬虞许多名贵的器物，并向天下人宣布，尊贵的王弟从此以后就是唐国的君主。

叔虞到达唐国后，先是进行了一番调查研究，他发现，这里居住的人口非常复杂，有华夏族的百姓，还有不少戎狄人。两种人生活方式不同，如果用一种文化去影响他们，一种规矩去制约他们，可能会引起较大的反弹。

桐叶封弟　宋虎立／画

既然唐地居民复杂，那就不要用一种僵化的制度去约束他们，可以用夏政去教导夏民，用戎法去治理戎人，这样既不背离夏人的传统体制、生活习俗，又尊重了戎狄的生产、分配方式，那么不管是夏人还是戎，都能得到满足，民心自然归附，局势也会稳定。同时，他兴办水利，发展农牧生产，人民生活富足，安居乐业，周围的戎狄部落先后归附。唐叔虞在位二十多年，唐国的疆土不断扩大。

唐叔虞这种宽容、灵活的政治方针，对日后的晋国，乃至后来三分晋国的韩、赵、魏三国的政治经济和文化思想，都有深远的影响，并形成了独特的三晋文化——求同存异、兼收并蓄、宽容博大。也正因为此，几百年后，晋国才能争霸春秋，以当初仅仅方圆百里的小小唐国，成为地跨黄河南北的泱泱大国；也正因为此，北方各民族才能相互渗透、交流、学习、吸收，取长补短、相辅相成，逐步融合成一个多民族的大家庭。

百里奚

五张羊皮换来的丞相

秦始皇一统天下，得益于祖上秦穆公（前659—前621）春秋争霸时奠定的基业，而秦穆公称霸，却要感谢他贱价买来的奴隶——百里奚。

百里奚（约前700—前621），本是虞国（今平陆）人。因家境贫困，早早出来闯荡，先后在齐、周、虢等国游学求官。后来，在好朋友蹇叔的推荐下，做了虞国的大夫。公元前655年，晋国向虞国借道攻打虢国，返回时灭了虞国，百里奚成了晋国的俘虏。没多久，晋献公嫁女，又把百里奚作为陪嫁奴隶献给了秦穆公。

百里奚不堪侮辱，想办法逃离秦国，去了楚国养牛。奴隶逃走本是一件小事，却引起了国君的注意。求贤若渴的秦穆公听说百里奚才华了得，贤能非常，便想用高价把他赎回。可又怕楚人知道后也来争抢，便贵物贱买，按照一个奴隶的市价，拿出五张黑公羊皮，买回了百里奚。

百里奚被押送回秦国后，秦穆公亲自接见，并为他打开镣铐，解除他的奴隶身份，向他询问国家大事。

两人相谈甚欢，相见恨晚。秦穆公拜百里奚为上大夫，把秦国的军政大权都交给了他。这一年，百里奚已经七十多岁了。

古稀之年才开始政治生涯，却甫一开启便登上了辉煌的顶峰。不过，即使登上了一人之下万人之上的高位，百里奚依然简朴出行，从来不用护卫相随。他这种平易朴素的品行，不仅为百官树立了榜样，也深深感动了百姓。

他对内提倡教化，开启民智，改变了秦国落后的面貌，对外改善与邻国的关系，不兴战事，“谋无不当，举必有功”，使得秦国短短几年便国富民强，从一个蛮荒小国一跃成为军事强国，开创了秦国的霸业，也为今后秦国兼并六国、统一天下奠定了基础。

重　耳

逼出来的春秋霸主

他本是晋国国君晋献公的二公子，却在43岁那年被逼出逃。为了生存，他辗转流浪8个国家，四处乞食。从公元前655年到公元前636年，漂泊流亡19年，终于回到自己的国家。他就是晋国历史上最有作为的君主——晋文公重耳。

重耳（前697—前628）从晋国逃到狄地，一住就是12年，还娶妻生子，生活安逸。如果没有弟弟夷吾继位之后派人刺杀他，恐怕他就这么过下去了，但命运就是这样，总在一步步推着你往前走。

春秋时，各国贵族因为国内政治斗争出逃的比比皆是，他们一般都会受到其他国家的礼遇。重耳逃到齐国后，受到齐桓公的热情接待，还把一位贵族姑娘嫁给了他。这日子简直比在晋国还要安逸啊！重耳乐不思“晋”，在齐国一待就是5年，慢慢忘记了要回国的念头。但追随重耳的贤士们可不甘于这样了此一生，他们把重耳灌醉，悄悄带离了齐国。重耳酒醒后大怒，竟然要杀了他们。但冷静下来之后，他也认识到客居他国不是长久之计，再说已经出来了，怎么好意思再回去？

虽然有齐、宋、楚、秦等国对重耳热情招待，但也有卫、曹、郑这样的国家对重耳不理不睬，甚至侮辱。各国怀抱的政治目的不同，对晋国时局的看法不同，对重耳的态度自然不同。

长年的政治流亡，重耳有机会了解各国的现状和政治走向，他亲历民间疾苦，锤炼了自己的意志，也考验了追随者的忠诚。这些都为他日后称霸天下夯实了基础。

在秦国的支持下，重耳成功回国即位，史称晋文公。晋文公在位8年，时间不长，却对晋国的经济和政治体制进行了卓有成效的改革，开创了晋国长达百年的霸业。

晋文公退避三舍　宋虎立／画

董狐

坚守真话的力量

中国一直是历史观念很发达的国家，史官文化源于巫文化，早期沟通天人、替皇帝问神卜卦的巫官就承担着史官的责任。西周时，史官的职能更进了一步，有了记事的职责。慢慢地，形成了史官制度，发展成一种对皇权有所制约的力量。

写真实的历史要付出很大的代价，甚至生命，比如春秋时以身殉史的齐国太史三兄弟。不过，也有幸运的董狐。

董狐（生卒年不详）是春秋时期晋国太史，出生在今天翼城县东50里的良狐村。关于他的事迹已不可考，如今流传下来的就是他刚正不阿、秉笔直书的故事。

当时晋国正卿（执掌国政的官职）名叫赵盾，经常劝谏晋灵公。晋灵公是个昏君，被惹怒后，就想方设法要杀死赵盾。赵盾很幸运，接连几次逃脱。赵盾的族弟赵穿一怒之下，便带兵杀了晋灵公，另立新君，把逃到边境的赵盾迎接回来，官复原职。

君主就算再昏庸，臣子杀君主也是不忠不义，要被世人唾骂，所以赵盾十分忐忑，想看看史官是如何记录这件事的。

这天下午，他找到负责编写国史的董狐，调出资料一看，竹简上赫然写着："赵盾弑其君。"

赵盾很生气，狠狠地一摔竹简：晋灵公死的时候我都不在朝中，怎么能说是我杀的呢？你这样乱写，是要被杀头的！

董狐明知赵盾大权在握，却依然毫无畏惧，不慌不忙地答道：你那时虽然不在朝中，可还是国家大臣。再说，你回来后也不对杀死国君的凶手问罪，说你不是这件凶案的主谋，谁也不信。

赵盾被驳得哑口无言，只好转身离开。

董狐不畏权势、坚持直书实录的精神被人称颂，从此成为史家以及士人的榜样。后来，人们称赞正直的史官，就以"董狐"作比，把直书其事的文笔，赞为"董狐之笔"。

真实的历史，就是在像董狐这样的史官与当权者较真与对抗中，跌跌撞撞地被记录下来。

祁　奚

推荐贤才不避亲仇

两千多年前，因父亲的封地在山西祁县，他以祁为姓，被称祁奚；两千多年后，人们赞叹他举荐贤能、不避亲仇的优良品质，为其修建了祁大夫庙，世代尊崇、供奉。

祁奚（前620—前545）本姓姬，是晋献侯的后代。他一生经历四朝，当官六十年，为人正直，德行贤良。祁奚年老后，向晋悼公请求退休，晋悼公就请他推荐接替的人选。

祁奚推荐了杀父仇人解狐。一个人就算再宽宏大量，也不可能提携自己的仇人啊！但祁奚的想法和常人不一样，他反问晋悼公：您是在问谁能担当这个职位，还是在问我的仇人是谁？

不巧的是，解狐还没上任就去世了。晋悼公又来让祁奚推荐人选，祁奚说自己的儿子祁午合适。为国举荐贤臣，他根本不怕别人说自己走后门。

人们听说了祁奚的事后都啧啧称赞，说：他推举仇人，不是讨好巴结；推介他的儿子，不是偏心私心；选拔朋友的儿子，不是为了结党营私。他完全是为了国家举荐贤才，唯才是举啊！

祁奚隐退18年后，晋国有名的贤士羊舌氏叔向因受同父异母的弟弟牵连，要被砍头。祁奚不顾年老体衰，连夜进京向国君求情。成功救人后，祁奚就径直回了家，叔向也没专门去谢救命之恩——都是为了国家，并非因为私交，感谢之类的话就免了吧。

祁奚赢得了当时朝野内外的一致赞誉，其言行也成为衡量是非曲直的标准。

师　旷

顺风耳的原型

也许你听过一个成语“师旷之聪”，形容人的耳朵很灵。但是你可知道，师旷是谁？他有着怎样的传奇故事？他和顺风耳又有什么关系？

师旷（前572—前532）生活在春秋末年，是晋国羊舌食邑（今山西洪洞县曲亭镇师村）人。师旷是个盲人，有人说，他生下来就没有眼睛；也有人说，他为了心静，所以用艾草熏瞎了双眼；还有人说，他自幼酷爱音乐，但是生性爱动，所以，在向卫国宫廷乐师高扬学琴的时候，用绣花针刺瞎了双眼，专心苦练，终于青出于蓝而胜于蓝，琴艺逐渐超过了师父。

师旷虽然眼盲，却拥有非凡的琴艺和超群的听力。传说他弹琴时，马儿会停止吃草，仰起头侧耳倾听；觅食的鸟儿会停止飞翔，翘首迷醉，丢失口中的食物。师旷的听觉比晋国铸钟的乐工还要灵敏，他精通阴阳学，能从声律中听吉凶，被后人称为乐圣，还被演化为顺风耳的原型，成为道教的守护神，甚至被称为盲人算命的祖师爷。

师旷不是只迷醉于音乐的人，他秉性刚烈、不畏权势，有自己的政治见解。他认为音乐可以传播德行，靡靡之音、亡国之音不能听，皇帝不能沉湎于个人享受，要懂得“仁义”“惠民”。

有一次，晋平公跟大臣们喝酒时感叹：没有什么比当国君更快乐的了，因为他的话没有人敢违背。旁边的师旷听到后，认为这不是仁君应该说的，竟操琴向平公撞去。

师旷具有初期的民本思想，主张君主应该爱惜民力，珍惜人民的劳动成果，客观上对劳动人民有利，故受到百姓的怀念。

韩 厥

保全赵氏孤儿，壮大韩氏家族

他早年丧父，被赵盾抚养长大，位列晋国八卿之一；后来赵氏遭到毁灭性打击，他保住了赵家唯一的血脉……他是春秋中期晋国卿大夫，战国时期韩国的先祖——韩厥。

韩厥（生卒年不详），晋国曲沃（今山西临汾曲沃）人。他曾被赵盾推荐为晋军司马，执掌军中刑律。据《国语·晋语》记载，秦晋河曲战役中，赵盾为中军元帅，他派出办事的人驾着战车横冲直撞，扰乱行军序列，韩厥当即将驾车的人抓住，依法处以死刑。别人都对韩厥的做法不理解，以为他会触怒元帅，但赵盾不但没有责怪韩厥，反而向别人夸赞他秉公办事、执法严明。

后来，韩厥担任新中军主将，兼仆大夫，又做了下军主将。公元前573年，韩厥任中军元帅，执掌晋国国政，迎来了事业的巅峰，成了晋国一人之下、万人之上的正卿，印证了昔日赵盾的预言——“他日执晋政者，必此人也！”而韩氏家族也因为韩厥的飞黄腾达而再度显赫。

韩厥的政治主张，是朴素的民本思想。在晋景公谋划迁都时，许多人建议，从故绛（今山西翼城县东南）迁到郇（今运城解池西北）、瑕(今解池南)之地，那里土地肥沃，盛产食盐，“国利君乐”。而韩厥一心想着百姓生活，他认为，郇、瑕之地“土薄水浅”，地下水位高，太潮湿，容易生风湿病，会引起人民愁怨，应该迁到新田（今山西侯马），那里“土厚水深”，百姓可以安居乐业。

春秋争霸时期，晋国内部各大家族之间争权夺利的矛盾和斗争非常激烈，但韩厥一直保持着超然的姿态。公元前583年，栾氏、郤氏两大家族协助晋景公灭了赵氏。韩厥和赵氏渊源很深，但他没有感情用事，他知道自己的力量难以抗衡，便悄悄保全了赵氏后裔。公元前574年，权臣栾书与荀偃突然发难，废了厉公。他们力邀韩厥参与，却被断然拒绝。正是由于韩厥这种态度，使得韩氏家族得以保全壮大，成为三家分晋后的韩氏诸侯。

韩厥一生侍奉晋灵公、晋成公、晋景公、晋厉公、晋悼公五朝，作为政治家，他优秀而稳健，作为臣子，他公忠体国，外出打仗，他又英勇善战，是一名不可多得的骁将。

尹　铎

千年晋阳城，安全他保障

赵国的始祖赵简子有两个得力的家臣，一个叫赵厥，一个叫尹铎。一天，赵简子叹气说："赵厥爱我，尹铎不爱我。赵厥劝谏我，一定在没人的时候说，尹铎呢，专门找人多的时候，让我在众人面前出丑。"

尹铎听说后，反驳道："赵厥只关心您会不会出丑，而不关心您的过错。我则关心您的过错，不在乎您是否出丑。我听说自古以来明君都是能够忍受羞辱的，不在众人面前指出您的过错，我怕您会觉得无所谓，不肯改过。"

赵简子赶紧道歉："是我错了。"

关于尹铎的身世、生卒年，史实没有记载，只知道他的故乡在今天翼城县南梁镇东尹村。明清以来的《太原县志》，都把尹铎列为晋阳建城以来的第一位名宦，他"保障"晋阳城（今山西太原市晋源镇）的故事世代相传。

赵简子派尹铎去治理晋阳。临行前，尹铎就采取什么样的治理方针请示赵简子："一种是榨取老百姓的血汗以充实仓库，一种是用宽厚的办法，就像修筑堡垒一样为老百姓提供保障，让他们的生活不断富足丰厚起来，该实行哪一种方针呢？"赵简子回答说："一定要用保障的方针！"

尹铎到任后，减轻税收，收揽民心。赵简子曾让他拆除之前城外的壁垒，因为那是他以前的仇人留下的，但尹铎认为赵简子这个命令对治理晋阳有害无益，所以，不仅没有听从吩咐拆除，反而将其增高加固。

过了一段时间，赵简子来晋阳视察，发现尹铎阳奉阴违，立即怒不可遏，要杀了尹铎。还好有随从的臣子直言相劝，才让赵简子明白了尹铎的良苦用心，转怒为喜。

后来的事实证明，尹铎的竭力经营和卓识远见，使得晋阳城成了军事抗争的坚固大本营。赵简子临死前还吩咐他的儿子说："日后若晋国有难，绝不要因为尹铎年轻或者晋阳城遥远而去别的地方，你一定要去依靠他。"

猗　顿

白手起家的晋商祖师爷

山西临猗县牛杜乡王寮村的村西头，有一座墓园。规模不大，但古朴肃穆，这是古代巨商猗顿的墓园。自古以来，富比王侯者，何止百千人？但猗顿这位布衣商人，却被世世代代地怀念着。

猗顿出生在春秋末期，生卒年不可考，真实姓名也无从考证，因为他在“临猗停顿”、发家致富，所以被后人称为猗顿。

猗顿虽然是穷苦出身，种地养蚕都亏了本，但他明白“穷则思变”的道理，也知道应该向贤能请教，站在先贤的肩膀上，自己才能走得更远。而他的好老师，就是当时的全国首富陶朱公范蠡。范蠡给他传授了快速致富的秘诀：从事畜牧业。

临猗南部土壤潮湿，水草丰美，是从事养殖业的好地方。得到范蠡的指点后，猗顿便在这里定居下来，并逐渐摸索出养殖规律、饲养方法，很快便成了当地的养殖大户。

河东池盐产量丰富，猗顿在贩卖牛羊时，顺便用牲畜驮运池盐，一起卖掉。他发现，贩运池盐可以获利更多。于是，猗顿开始着意开发并从事池盐生产和贸易，成为中国历史上最早的盐商。随着生意越做越大，河东池盐甚至被运到了西域，而西域盛产珍珠玛瑙、珠宝玉器，他的生意又扩展到珠宝领域。

十年后，猗顿家产丰硕、富甲天下，与老师范蠡齐名，连王孙贵族都不能与他相比。但富起来的他没有忘本，不仅在临猗王寮村修建陶朱公庙，表达对范蠡的感恩之情，还乐善好施、赊济于民，远近百姓都来归附于他，慢慢地在他家附近形成了一个居民区，即古城“猗顿城”。后来，改朝换代、岁月变迁，古城被毁，后人也逐渐淡忘了这个名字。

如今，在猗顿墓园的东边，还有一座猗顿祠。原有的“猗顿祠”三个大字相传是明朝崇祯皇帝亲笔御书，后来在“文化大革命”中被烧，旧祠堂也在日本侵华时被毁。人们又建了新的祠堂，以示对猗顿的感怀和敬仰。

赵简子　赵襄子

对于传位这件事，我们喜欢搞特殊

春秋末期、战国初年的政治舞台上，有这么一对父子，雄踞于三晋大地，叱咤风云半个多世纪，他们建立了古晋阳城（今山西太原市晋源镇），强盛了赵氏，为后人留下许多传奇故事。他们就是赵简子、赵襄子。

赵简子（？—前475）名鞅，谥号“简”，是著名的“赵氏孤儿”赵武的孙子，年轻时承袭父亲的爵位，成为晋国的主政者。在当时激烈复杂的政治斗争中，赵氏虽然屡遭劫难，实力却越来越强。赵简子不拘一格选用贤能，多方纳谏改革朝政，经济、法律、军事、外交齐头并进，到他去世前，晋国最有实力的六个家族里，赵氏已然成了领头羊。

他的儿子赵襄子（？—前425）也不负所托，将他创造的基业很好地继承了下来，并且把家族事业发扬光大，最终与韩、魏两家一起瓜分了晋国。成为一个崭新的诸侯国，是战国七雄之一。

赵简子选接班人的眼光很独到。不过，当初他也进行了好大一番思想斗争。本来已经选定了大儿子伯鲁，但后来他发现，小老婆生的毋恤挺有才，在好多方面比他大哥还强。按照古代宗法制，继承人要立嫡长子，赵简子能从这个思维框框里跳脱出来，不管嫡庶，不分长幼，谁有君主之才就立谁，这份思想和胸襟，已经很先进了。

赵襄子比他父亲更有气度。当上君主后，他并没有忘了哥哥伯鲁。后来，灭了姐夫的代国之后，赵襄子把代国封给了伯鲁的儿子。临死前，又把赵国君主的位子传给了伯鲁的孙子。

赵襄子和妻子有5个儿子，足以选出一个继承人，可他却千方百计把王位还给了哥哥的孙子。时隔千余年后的宋朝，也发生了一件跟传位有关的事。宋太宗赵光义得到哥哥赵匡胤的皇位后（且不说他是如何得到的），却逼死了侄儿，为的是自己的江山代代永固。中国几千年历史长河中，为了权力或财产，兄弟、父子、叔侄反目、互相残杀的事比比皆是，反观前人赵襄子，着实让人深思。

廉颇

一代猛将报国无门

人们对廉颇的了解，多来自于成语“负荆请罪”。但事实上，除了成语故事塑造的有错就改、可爱、直肠子的廉颇之外，历史向我们展示了一个更加悲情的廉颇。

廉颇（生卒年不详），战国时赵国的名将，以勇猛果敢闻名于各诸侯国。因为有他，很长一段时间，强大的秦国不敢攻打赵国。廉颇不但武艺高强、箭法出众，还善于用兵打仗，是杰出的军事将领。他率兵讨伐征战数十年，攻城无数，战功赫赫。

但后来，赵王中了秦国的离间计，认为廉颇老了不中用了，改派青年将领赵括代替他。廉颇受到排挤，被解除军职，一怒之下离开赵国，投奔魏国。魏王虽然收留了廉颇，但并不信任他，也不重用他。

此时，赵国因多次被秦国围困，吃了几次大亏，赵王就想起了老将廉颇，派使者带着名贵的盔甲和快马去找廉颇，看他的身体情况怎么样，还想不想为国效力。

廉颇一心为国，早就想回去了。为展示自己威风不减当年，还能上阵打仗、为国立功，他一顿饭吃了一斗米、十斤肉，饭后披甲上马，拉弓射箭，舞枪刺杀，果然是宝刀未老。

使者走后，廉颇日夜盼望着赵王的任命，可惜一直没等到。原来，廉颇的仇人唯恐他再度得势，暗中买通使者在赵王跟前说他的坏话。所以，使者回去后报告说：廉将军虽然老了，但饭量还很好。不过，跟我在一起的一会儿工夫，他就上了三次厕所。

赵王一听，以为廉颇老了，就再没提让他回来的事。得不到祖国信任的廉颇，一腔热情付诸东流，每天忧愁抑郁，闷闷不乐，最后死在异国他乡。

廉颇老矣　尚能饭否　宋虎立 / 画

只要一息尚存，就要全身心地报效祖国，这是爱国英雄们的本色。但纵然廉颇勇猛有才，遇到昏庸的赵王，朝中奸佞当道，也只能“长使英雄泪满襟”了。

蔺相如

动辄以死相搏的外交家

从宦官缪贤的门客到著名的政治家、外交家，蔺相如的成功路走得异常艰辛，每每以命相挟，如履薄冰。

蔺相如（生卒年不详），战国时期赵国人，祖籍在今吕梁市柳林县孟门镇。

经历代学者考证，蔺姓出自韩姓，而韩姓出自姬姓，是黄帝后裔。春秋时，韩氏在晋国位列公卿。韩氏一支韩厥玄孙韩康在三家分晋后为赵国大夫，食采于蔺（今山西离石），便以封邑为氏，称为蔺氏。蔺相如就是蔺氏立姓早期第一个影响深远、功绩卓著的代表人物。

蔺相如的发迹缘于一块玉。

听说赵王得了一块和氏璧，秦王也想要，还说愿意拿15座城池来换。对于秦王的要求，赵国上下都束手无策：不给吧，理亏，强大的秦国说不定会借此攻打赵国；给了，又怕自己吃亏，赔了美玉也得不到城池。

就在赵王无计可施之时，宦官缪贤向他推荐了自己的门客——蔺相如。

蔺相如带着美玉去了秦国，见到秦王后，他认真观察、仔细分析，发现秦王无意用城池交换，蔺相如假意说要指点玉璧上的瑕疵，一拿到美玉便以死相抗，逼得秦王不得不从长计议。当晚，蔺相如就派人带着美玉悄悄返回了赵国。秦国没有把城邑给赵国，赵国也始终不给秦国和氏璧。

身为使臣不受诸侯的欺辱，赵王封蔺相如为上大夫。

公元前279年，为了集中力量对付楚国，秦王约了赵王在渑池会面，互修友好。蔺相如跟着赵王前往赴会。席间，秦王让赵王弹琴，还让史官记下来，有意羞辱赵王，蔺相如便上前请秦王击缶（古代一种瓦质的打击乐器），秦王不肯，蔺相如举着缶说："五步之内，我脖子里的血

完璧归赵　宋虎立／画

就要溅在大王身上了！”蔺相如以命相搏，竟逼得秦王做出让步，敲了一下缶。秦国大臣随后和蔺相如唇枪舌剑、你来我往，但直到酒宴结束，也始终未能压倒赵国。

依靠过人的胆识和出色的外交才能，蔺相如力挽狂澜，帮赵国赚回了面子，赢得了尊严，使得强大的秦国不敢小觑，为后人称颂至今。

李 冰

科学治水，造福百姓两千年

成都平原能成为天府乐土，功劳多在于李冰创建都江堰。《史记》中说：都江堰建成后，成都平原从此再没有饥馑荒年。秦始皇焚书坑儒，加上秦汉时期战争毁坏，许多珍贵的档案文书都被损坏，导致关于李冰的记载语焉不详，生卒年也不可考。直到1999年，才由各方确认，李冰是今山西运城人。

大约在公元前256年，李冰被任命为蜀地郡守。看到当地东旱西涝，灾情严重，李冰很着急，刚一上任就开始着手进行大规模的治水工作。

作为战国时期杰出的水利工程师，他亲自设计和组织兴建了都江堰。都江堰位于四川省中部岷江中游，整个工程由分水堰、飞沙堰和宝瓶口三个主要部分组成。它规模宏大，布局合理，不止能防洪，还有灌溉、航行的功能，这在世界水利工程史上也是罕见的奇迹。李冰曾在都江堰设立石人水尺，这可是中国早期的水位观测设施。

他带着儿子李二郎开凿滩险，疏通航道，修索桥，开盐井。在治水的过程中，父子二人还排除种种迷信的阻挠，坚持用科学的方法来治理水患，及时、成功地处理了工程中的问题和紧急状况。两千多年来，都江堰一直发挥着巨大的作用，保障着当地农业生产。

老百姓怀念李冰父子的功绩，在都江堰渠首建造了二王庙，每年清明时节，都会在二王庙举行祭祀活动和开水典礼，颂扬、纪念他们崇拜的“川主”李冰。东汉以后，民间开始流传李冰治水的各种传说，北宋时，又有神话人物二郎神的原型就是李二郎的说法。至今，当地还流传着李冰羽化飞升的美丽传说。

荀　子

离经叛道的儒家宗师

古希腊三哲，苏格拉底、柏拉图和亚里士多德，以他们为代表的古希腊文化，奠定了整个西方文明的基础。几乎是同一时期，在中国，儒家学派也诞生了三位大师，孔子、孟子和荀子，对华夏文明影响至深。

现在我们一般称孔子为至圣，孟子为亚圣，荀子为后圣。然而，在文庙中，却没有荀子的一席之地，似乎在传统儒生看来，荀子不能算是孔子嫡传的门人，但荀子继承了儒家学说，并有所发展，还吸收一些别家之长，在儒家中自成一派。比起孔子有名的几个门人“宗圣”曾参、“复圣”颜回、“述圣”子思，甚至与孟子相较，荀子也不遑多让。

荀子（约前313—前238），名况，战国末期（公元前4世纪中叶）赵国人，生于今山西安泽县。在齐国三次出任稷下学宫的祭酒，也就是负责人，被称为“最为老师”（老师中的老师），还在楚国担任过兰陵令。

荀子主张性恶论，与孟子的性善论针锋相对。他认为人的本性是恶的，所以不可能有天生的圣贤；人性善是受教化的结果。荀子宣扬儒家的王道思想，主张以德服人，反对用强力来压人，认为治国应该“平政爱民”。他将君主比作舟，庶民比作水，认为“水则载舟，水则覆舟”。不过，他也认为，必要的时候，应该采用刑罚。荀子礼法兼用、王霸并重，和之前的儒家有明显的不同。

在天道观方面，荀子受老子的影响，以为天没有意志，不过是能生长万物的自然界，不能决定人事的吉凶、祸福。他还提出人应该顺应自然但也可以改变自然，即所谓“制天命而用之”的人定胜天的思想。

荀子的思想在当时可谓石破天惊，近乎离经叛道，这也是他在当时及之后的很长一段时期一直得不到公正评价的根本原因，但如谭嗣同所说，中国两千年之学，荀学也。几百年后，在欧洲的古罗马，中世纪哲学的奠基人、基督教神学的杰出代表奥古斯丁提出了“原罪论”，与荀子的观点几乎不谋而合。

荀子有两个著名的学生，韩非和李斯，是中国传统学术重要流派法家的主要人物，韩非奠定了秦国统一天下的思想基础，而李斯是秦这个中国第一个大一统王朝礼乐典章的制定者，也就是说，作为儒家一代宗师，荀子同时开启了法家的先声。

两　汉

卫子夫

美人的品行比脸蛋更重要

“生男毋喜，生女毋怒，独不见卫子夫霸天下。”古代临汾地区曾流传这样一首歌谣，说的是卫子夫从歌女到皇后，一人得势、全家富贵的传奇故事。

卫子夫（？—前91）是平阳（今临汾）人，本是汉武帝姐姐平阳公主家的歌女，被汉武帝刘彻临幸后入宫，进宫后却又被皇帝抛到脑后。后来，皇帝要遣散一批宫女，卫子夫就跑去哭诉，求皇帝也放她回家。皇帝被她梨花带雨的美丽面容打动，再次临幸卫子夫。这一次，她怀上了龙种。汉武帝29岁得到皇长子，也就是后来的太子刘据，自然高兴万分，卫子夫母凭子贵，被封皇后，一步登天。

在复杂的后宫中，卫子夫从未因地位尊贵恃宠而骄，而是处处小心，以恭谨谦和赢得汉武帝的恩宠。虽然后来因年老色衰而逐渐失宠，但她德行敦厚，汉武帝非常尊重她，对她掌管的后宫事务极少干涉。

虽然弟弟卫青立下许多战功，但卫子夫谦逊低调，对卫氏子弟的管教格外严格，生怕有什么闪失。可惜卫青的四个儿子都不成器，卫子夫流着泪向皇帝报告，请求剥夺对卫氏子弟的封赏。皇帝说，这个事我知道，但是我不想让皇后忧伤。这件事足可见他们夫妻感情深厚。但是，终于有一天，卫青最小的儿子因为罪恶太大，被处以死刑，皇帝也一并剥夺了卫青其他几个儿子的封爵。事后，害怕卫子夫太伤心，皇帝又安排大臣去安慰卫子夫，并代他道歉。

常言道，树大招风。卫氏家族的富贵，招来一些人的嫉妒和陷害。加之汉武帝晚年信任酷吏江充，而此人与太子刘据不和，最终以巫蛊之罪陷害太子，卫子夫也因此受到牵连，废掉皇后尊号，被迫自杀。

深宫之中，容貌从来无法久远，唯有品性才能植根人心。卫子夫做了38年皇后，是中国历史上在位时间第二长的皇后。她的曾孙汉宣帝给她追封谥号“思”，成为史上第一个有自己谥号的皇后。

卫　青

抗击匈奴无一败仗

中国历史上的名将灿若繁星，然而堪称常胜将军的，却屈指可数。汉朝的卫青算一个。

卫青戎马生涯只有十年，从偏将车骑将军到三军统帅大将军，七次攻打匈奴，七战七捷，既打破了汉初以来匈奴不可战胜的神话，还将匈奴赶出漠南，平定了大汉帝国的北部疆域，为历代兵家所敬仰。

卫青（？—前106）是河东平阳（今山西临汾）人，出生贫贱，母亲是汉武帝姐姐平阳公主家中女仆，因与县吏郑季私通，生下卫青。卫青后来回到郑季家中，然而郑季的原配妻子看不起他这个私生子，把他当仆役，让他去山上放羊，郑家的几个儿子也不把卫青当作手足兄弟，随意苛责。卫青在这样的环境下生活，受尽了苦难。卫青成人后，不愿再被郑家奴役，便回到母亲身边，做了平阳公主的骑奴。

卫青的发迹是因为他同母异父的姐姐卫子夫。卫子夫进宫后，卫青作为皇帝的小舅子，也跟着进宫，青云直上，得到领兵出征一展抱负的机会，直至拜大将军、大司马，封长平侯，又娶了平阳公主为妻。

虽然战功显赫，权倾朝野，但卫青从不结党、干预政事。而且，他为人谦让仁和，敬重贤才，从不以势压人，能与将士同甘苦，威信很高。正因为此，姐姐卫子夫年老失宠后，卫青也并未受到影响。

卫青死后，汉武帝按国葬礼仪命人在自己的阴宅茂陵旁边修建了一座像阴山（匈奴境内的一座山）的坟墓，象征卫青一生的赫赫战功，可见对其情谊之深。

直到今日，临汾青城村还有大将军故里，任意走进一位村民家，他都会告诉你，这就是卫青小时候放羊的地方。那时候，他在这个村里并没有过几天好日子，但他走后，这个村子却因他而享有荣光。而今，硝烟散去，汉族与匈奴的仇恨也在漫长的岁月里消于无痕，但卫青的故事还将传说下去——王侯将相归于尘土，功业与声名却将永存。

霍去病

少年战神踏阴山

霍去病（前140—前117），出生于河东平阳（今山西临汾），是名将卫青的外甥。他精于骑射，不屑于像其他王孙公子那样，在长安城里放纵声色，享受长辈的荫庇。他渴望杀敌立功的那一天。

公元前123年，漠南之战。未满18岁的霍去病主动请缨，汉武帝赏识他的勇敢，便封他为骠姚校尉，让他挑选800名精锐骑士，随军出征。

骠姚，就是彪悍、勇猛、迅疾的意思。霍去病没有辜负这个官号，很快，就在这次跟随舅舅卫青的征战中一鸣惊人。战斗打响后，霍去病率领轻骑兵冲入敌阵，大杀四方，好不痛快！在征杀中，轻骑兵不知不觉脱离了主力部队。孤军深入，是兵家大忌，稍有不慎，就会全军覆没。但霍去病头脑异常清醒，指挥若定，带领将士直插敌后，看准目标，发起猛攻。最后一举斩杀2000名敌兵，匈奴单于的爷爷和叔叔也成了他的俘虏。

首次出征就建立了如此功勋，功冠全军，汉武帝异常开心，下令褒奖，封霍去病为冠军侯。

霍去病以这样夺目的战果，向世人宣告，汉朝最耀眼的一代名将横空出世了。

19岁，他三征河西，开疆拓土，重创匈奴，再立战功。21岁，统帅三军，纵横漠北。数次指挥大军与匈奴会战，每一次都是深入险境，孤军奋战，每一次都是以寡敌众，大胜而归！

霍去病这个名字，似乎成了青春、勇武与奇迹的象征。他用兵灵活，注重方略，不拘古法，行如闪电，战如猛虎，深得汉武帝的信任，与卫青合称为“帝国双璧”，并留下了“匈奴未灭，何以家为”的千古名句。

然而，就在万众瞩目、集万千宠爱于一身之时，23岁的他，突然画上了生命的句号。仿佛一颗流星一般，划过夜空，耀眼夺目，但却匆匆而来，匆匆而去，让人为之扼腕叹息！

汉武帝对霍去病的死非常悲伤，下令将霍去病的坟墓修成祁连山的模样，以彰显他力克匈奴的丰功伟绩。

义 姁

中国第一位女大夫

说起古代名医，相信很多人都能扳着指头列出好几个人名，扁鹊、华佗、李时珍等等。女人在古代社会地位低，能识字的都是少数，更何况行医。但史书中记载了这么一位名医，是个女人。

她的名字叫义姁，不知姓义名姁还是名为义姁，生卒年不可考，但可以肯定的是，她是今永济人，行医的时间在汉武帝年间。

西汉时，国家各项制度都比较健全，尤其是医学制度，人们认识到男性在看妇科方面的不方便，于是设立了“女医”，当时称为“视产乳之疾者”。

义姁从小就聪明伶俐，喜欢钻研医术，有时候村里来了“赤脚医生”走街串巷地给人看病，她就看人家怎么望闻问切，怎么把脉听诊，听人家讲解医术医理，有不懂的地方就虚心求教。时间长了，她积累的知识越来越多，也获得了丰富的实践经验。

有一天，来了一个肚子胀得像灌满了气的皮球一样的病人，义姁诊断之后，取出几根银针，在那人下腹部和大腿部各扎了几针，然后拿出她自制的药粉，撒在病人肚脐上，随后开方抓药。三天后，病人的腹胀开始消退，不久竟痊愈了。从此，义姁的医名就在方圆百里传开了，附近的百姓都来找她看病，别的村子也有慕名前来的病人。

汉武帝的母亲王太后年老多病，看了多少名医也不好，一次，汉武帝无意间听人说起义姁医术高超，不但擅长内科外科针灸，而且用药很特别，只是在山里采些花草树叶，就能给人治病，疗效还非常好。于是，汉武帝宣召义姁进宫，封她为王太后的特别侍医。

自进宫后，关于义姁的故事，官方便没有了记载。但她的大名还是在中国医学史上留下了笔墨，被誉为“巾帼医家第一人”。

霍　光

谁当皇帝他说了算

霍光（？—前68），河东平阳（今山西临汾）人，是西汉名将霍去病同父异母的弟弟。

幼年的霍光并不知道这位哥哥的存在，直到21岁的霍去病攻打匈奴，路过平阳，查访到自己的父亲霍仲孺，兄弟二人才得以相认。打了胜仗归来，哥哥非但没有追究父亲当年抛妻弃子的行为，还把霍光带到了京城长安。

那时的霍光才十几岁，聪明可爱，机灵持重，深受汉武帝的喜爱。从那以后，霍光一路升迁，经常跟着皇帝车驾出行，陪伴左右。因为小心谨慎，从不出错，所以，汉武帝临终前将7岁的太子刘弗陵托付给他。

从此，霍光开始了他的辅政生涯。作为一代名相、三朝辅政大臣，霍光对汉朝的贡献功不可没。他一生做了两件大事，一是辅佐年幼的汉昭帝刘弗陵，二是废掉已经即位的骄奢淫逸的昌邑王刘贺，另立汉宣帝。

这两件事，在之前的朝代里都曾经发生过，一个是周朝时的周公，辅佐年幼的周成王；一个是商朝的丞相伊尹，因为商王太甲极其残暴，伊尹把太甲秘密关押了三年，直到他改邪归正之后才把政权归还太甲。霍光先学周公，后效仿伊尹，当机立断，联合群臣把昌邑王刘贺赶下皇位，继而立汉宣帝，使得汉家天下转危为安。可以说，霍光忠于汉室又果敢善断、知人善任，是一位深谋远虑的政治家。

然而，霍光治家不严，霍氏后人有恃无恐，荒淫无度，连家奴都敢横行不法，随意调戏民女。因此，虽然霍光有恩于皇室，却在死后不到三年，家族即遭灭顶之灾，被满门抄斩。

世间万物都是辩证的、福祸相依的。富贵之时，一定不要忘了约束自己，更不该忘了严格要求子孙后代。

常 惠

苏武副手，做了19年苦役

“苏武留胡节不辱，雪地又冰天，苦忍十九年。渴饮雪，饥吞毡，牧羊北海边……”这首歌在中国家喻户晓，讲的是汉武帝时，中郎将苏武奉命出使匈奴，被扣19年，最终不辱使命的故事。苏武的故事流传得很远，但人们向来只知苏武，却不知常惠。作为随同大使苏武出使匈奴的副使，他被扣留后经历了比苏武更悲惨的生活。

常惠（？—前46），太原郡（今太原）人，在贫寒家庭中长大，为人沉着机敏、谦恭好学，说话不多，决断力强。那时匈奴经常骚扰边境，公元前119年，卫青、霍去病大败匈奴，匈奴退到了漠北。19年后，为巩固军事上的胜利，汉武帝对匈奴实行和盟政策，派苏武、常惠出使匈奴。

但是，到达漠北后，他们发现匈奴单于缺乏和盟的诚意，还用高官厚禄拉拢游说，想让他们背弃国家，归顺匈奴。见苏武和常惠丝毫不为所动，恼羞成怒的单于扣留了他们，为消磨其意志，让苏武去今天的贝加尔湖一带牧羊，常惠则被囚在牢狱，备受繁重苦役的折磨。

如果说苏武牧羊受的是饥寒交迫、罕见人烟之苦，常惠则完全沦为奴隶，丧失了做人的自由。但不管受到怎样的虐待，他始终没有忘记自己是大汉的使者，士可杀不可辱，他以坚定的信念一直恪守着民族气节，面对匈奴人多方面的威胁、利诱，坚持19年而不屈。直到汉武帝病死，汉昭帝即位，匈奴与大汉重新和好，常惠和苏武才被释放，送回汉朝。

回去后，常惠受到汉昭帝和同僚们的称赞和信任，之后就一直帮皇帝处理匈奴问题。汉宣帝即位后，与匈奴的关系又变得紧张，汉宣帝又派常惠联合西邻诸国，结成军事联盟，共同抗御匈奴。苏武死后，常惠接替了他的职位，专门处理国家的外交事务，成为西汉中期的主要外交活动家，活跃在处理汉朝与西域各国、北方匈奴关系的舞台上，功绩卓著。

常惠在匈奴19年，受尽精神和肉体双重的苦难和压迫，却丝毫不改初衷。他所体现的，是一种人世间最坚韧的意志和最执着的守候。

班婕妤

被皇帝冷落，成就一代诗名

班恬（前48—2），楼烦人（今天的宁武一带）。17岁被选入皇宫，随即被封为婕妤（嫔妃的一个等级）。从此，班恬这个名字被男权社会隐去，历史上多了一个班婕妤。

事实上，班氏一门，在汉代是很有名望的家族，文武勋功、德行学问，都显赫一时。班婕妤的父亲班况在战场上立下汗马功劳，她的几位兄长、弟弟，也都以博学著称，在朝中深受皇帝器重。侄子班彪及班彪儿女班固、班昭，都是东汉著名的史学家、文学家，班彪的另一个儿子班超则是有名的外交家。

班婕妤入宫后，以其极高的文学造诣和擅长音律的才情，让汉成帝为之倾倒。后宫很少有这样的才女，既有美艳的风韵，又善解人意，能与男人谈诗作赋。对于汉成帝而言，班婕妤不只是他的侍妾、后妃，更是红颜知己。

那时皇帝出游，会乘坐一种豪华的车子，上面罩着美丽的绫罗，下面铺着锦缎做的坐垫，前面有两个人拖着走，人们称之为“辇”。皇后妃嫔们坐的车子，就没这么豪华了，并且只能跟在皇帝后面。可是汉成帝太喜欢班婕妤了，在宫中与她朝夕相守，出门也想形影不离。所以，特地命人制作了一辆大一点的辇车，想在出游的时候和班婕妤一起乘坐。但是班婕妤拒绝了，她说，“古代的明君，旁边都有忠心爱国的臣子，夏商周三朝的亡国皇帝旁边才坐着妃子呢！如果我和您坐一辆车同进同出，那不就和那些祸国的妃子们一样了吗？”

汉成帝觉得言之有理，便打消了同辇出行的念头。皇帝的母亲王太后听说这件事后，也对班婕妤大加赞赏。但是好景不长，擅长跳舞的赵飞燕进宫后，汉成帝见异思迁，渐渐冷落了班婕妤。

班婕妤虽然不擅长宫斗，但她很聪明，知道急流勇退、明哲保身，于是自请前去侍奉王太后，一来远离充满嫉妒与排挤的是非之地，二来依靠王太后这个靠山，就不怕再被陷构。她也知道，自己就像那秋天的团扇，再也得不到汉成帝的怜爱。爱情对她来说，就像一阵甜蜜的春风，吹走了，就再也不会回来。心如止水的她，每天除了陪侍王太后，就是以诗寄情，抒发心中的感慨，为后代文坛留下了许多精美的诗篇。

班婕妤一生恪守男权社会中女性的价值尺度，侍君不逾礼法，但在那个封建社会的樊笼里，她的玲珑心又有谁会去认真聆听、细心呵护呢？可怜伊人独憔悴，空留一腔爱意寂寞终老，后人也只能从诗句中去揣摩她缠绵悱恻的情感世界了。

貂 蝉

风华绝代的双面女间谍

貂蝉，中国古代四大美女之一，“沉鱼落雁，闭月羞花”中的闭月，虽然并没有记载于史书，但“貂蝉”之名却并非凭空捏造。山西有句老话，忻州无好女，定襄无好男。意思是，忻州出了貂蝉，定襄出了吕布之后，风水都被占尽了。貂蝉以美貌闻名，吕布则以勇猛著称。而最有意思的是，这两人是一场大阴谋中的男女主人公。

东汉末年，权臣董卓残忍暴戾、只手遮天，大臣王允忠心汉室，决计为民除害。董卓有一义子吕布，勇猛无比，当世无人能敌。所以，欲杀董卓，必须先离间他和吕布的关系。打击敌人，要知道对方的弱点。自古英雄难过美人关，吕布爱美人，董卓好色，这义父义子还真是投契。

貂蝉是忻州木耳村人，从小寄居在王允家中。学了一身察言观色的本领，再加上天性聪慧、善解人意、嘴甜心细，颇得王允欢心。一天夜里，王允将他筹谋多时的计策对貂蝉和盘托出。普天之下，多少忠臣义士，多少猛将勇夫都除不掉一个董卓，如今，却要让一个肩不能扛、手不能提的弱女子去承担。

第二天，王允设宴款待吕布。醉眼蒙胧中，貂蝉惊鸿一现，吕布魂牵梦绕。又过了两天，王允又偷偷把貂蝉送给了董卓，却对吕布说是董卓抢走了貂蝉。吕布去找貂蝉了解真实情况，貂蝉装作很爱吕布，说自己被董卓霸占十分痛苦。妒海滔天的吕布终于与董卓反目，亲手杀死自己的义父。

至此，貂蝉的使命完成，其下落却众说纷纭。有的说自刎而死，有的说被曹操擒获，后来为笼络关羽，曹操将貂蝉与赤兔马一起送给了关羽，而关羽留下骏马，斩杀了美人。究竟真相如何，我们不得而知。

虽有人对貂蝉是否真实存在尚持怀疑态度，但忻州木耳村西南有貂蝉墓，“文化大革命”后期造田平墓时发现的城砖、墓砖都与貂蝉有关……

关 羽

从战场走向神坛的武圣人

关羽（？—220），河东解良人（今运城市解州镇），据说他少年时在家乡杀了人，逃往涿郡（今北京），即蜀汉昭烈帝刘备的故乡。刘备当时正在那儿招兵买马，于是关羽报名投效。和他一起成为刘备臂膀的，还有当地人张飞。虽然刘关张桃园三结义很可能是传说，但三人同食同寝、恩同兄弟，却是正史中明确记载的。

关羽投刘备之后，一生从未离弃背叛，在乱世中留下了一段忠义的传奇。即使因战败失散而短暂效力于曹操帐下，但回归的想法一刻也没忘记，最终在替曹操于万军中刺死对方大将颜良后，挂印封金，毅然回到势力更弱小的刘备阵营。

但不论刘备势力强弱，关羽总是担负重任。刘备占据巴蜀之地，晋位汉中王后，关羽被任命为前将军，负责荆州地区——刘备集团主要的粮饷财税之地和战略要津——的防务，在220年中计被孙权集团的将领吕蒙所杀。死后，孙权为嫁祸，将关羽的首级送给曹操，曹操以诸侯礼将其安葬。孙权则将身躯同样以诸侯礼安葬——战胜敌人虽然不易，但能得到敌人的尊重更加困难。

关羽死后，一段由人到神的传奇开始了。虽然他有着“刚而自矜”、“勇而无谋”、“骄于士大夫”等诸多缺点，但他的忠义、坚强、勇猛却得到了包括敌人在内的所有人的敬重——曹操三番四次想把他纳入麾下，孙权则想和他结为儿女亲家。而忠义，是中国传统道德中最为人称道、最为统治者喜欢的品德，随着他的事迹在民间的流传，尤其是《三国志平话》《三国志通俗演义》流传开来以后，关羽几乎成了忠义的化身。而在官方，从宋朝开始，他由侯而王，王而帝，帝而圣，圣而天，

关帝庙　梁　铭 / 摄影

被加上“三界伏魔大帝神威远镇天尊关圣帝君”、“忠义神武关圣大帝”等种种尊号，是和“文圣”孔子并肩的“武圣”，中国正统神灵谱系最高等级的神祇，且同时担任佛教、道教的护法神，以及多个职业的保护神、祖师爷。

可以说，凡有华人处，必有关圣崇拜，信仰广泛而深入。正如史学家黄仁宇所说，千百年后关公仍被中国人奉为战神，民间崇拜的不是他的指挥若定，而是他的道德力量。

魏晋南北朝

裴　秀

中国科学制图学之父

一位身为妾室的母亲，被正妻指使去给客人送食物，客人见到她，纷纷起身表示敬意。这位母亲说，我出身如此微贱，这些人是因为我的儿子才这么尊敬我啊。从此，正妻再也不敢轻视她。

这个为母亲赢得尊重的人就是裴秀。

裴秀（223—271）出身于魏晋时期的官宦之家——著名的“河东裴氏”。他年纪轻轻，学识就很渊博，对政治也感兴趣。他的叔叔裴徽交游广阔，家里常常高朋满座。有些客人跟裴徽谈完之后，还要去找十几岁的裴秀再聊一聊，听听他的看法。因为才华出众，所以青少年时代的裴秀就受到社会知名人士的赞赏，被称为“后进领袖”。

裴秀后来官至司空，地位很高。但从历史上看，他最大的成就却体现在地图学上，他第一次明确建立了中国古代地图的绘制理论，创立的地图“制图六体”理论，系统总结了前人丰富的绘图经验，为后世的地图绘制工作提供了一套完整的规范，是世界上最早的地图绘制纲要。

早在春秋战国时期，地图已经广泛应用于战争和国家管理，但是秦汉以后，地图损毁严重。出于政治和军事的需要，裴秀下定决心制作新图。他领导和组织编制成《禹贡地域图》18篇，是迄今可考的见于文字记载的全世界最早的历史地图集。为了便于应用，他还将一幅篇幅过大（用八十匹绢绘制）的《天下大图》缩制成以寸为百里的《地形方丈图》，其实是缩编了的晋朝地图。

裴秀的地图理论，是中国古代唯一的系统制图理论，影响中国地图制图1700多年，英国科学史专家李约瑟称他为“中国科学制图学之父”，有些西方学者说裴秀完全可以与古希腊著名的地图学家托勒密相提并论。毫不夸张地说，他们是世界古代地图学史上东西辉映的两颗灿烂的明星。

贾充

替司马昭扫平登基路

贾充（217—282），河东襄陵（今山西襄汾县）人。他出身寒门，却能跻身官场高位，不得不说颇有手段。当时朝中有大臣对晋武帝直言不讳，“陛下之所以比不上尧、舜，就是因为朝廷里有贾充之类的小人。”

贾充的父亲贾逵，一生忠于曹家，到了自己儿子这儿，却帮助司马家夺了曹家的政权。为了帮司马昭成功上位，贾充充分发挥了胆大心黑的特点，立下了汗马功劳。

当时司马昭野心勃勃，想夺权篡位。终于有一天，魏帝曹髦再也忍不住了，带着一群老弱病残去杀司马昭。路上碰见贾充带着几千人马过来，大家见皇帝来了，都吓得不敢动。侍卫成济向贾充请示该怎么办，贾充面不改色，“司马家养你干什么？不就是为了今天吗！”成济得到命令，立即冲上前去，把曹髦杀了。

贾充不顾弑君的罪名，帮主子扫除了前进路上最大的障碍，立即升级为司马家族的头号外姓心腹。司马昭死前，嘱咐太子司马炎重用贾充。司马炎即位后，让贾充高居宰相之位，还让他的丑女儿贾南风当了太子妃。

为人谄媚，趋炎附势，最会拍马屁，人人都很讨厌，贾充简直成了天下士人的公敌。不过，他还是有一些真才实干的。他精通法律，曾邀请一些名儒重臣共同删改原先的法律，把以前老百姓动辄得罪、轻重无准的糟粕都废弃掉了。他主持修订的新法律《晋律》执行之后，得到了全国百姓的交口称赞。在选拔人才方面，他也很有一套，下级官吏很多都投靠了他。

贾充位极人臣，两个女儿一个当了太子妃，一个嫁给了齐王，可他晚年有一桩心病。公元282年，贾充病重，皇帝派人去看他，他说起自己对死后谥号的忧虑，很担心后人对他的评价不好。头顶三尺有神灵，贾充再坏，终究还是畏惧道德舆论的力量。

拓跋宏

鲜卑皇帝有颗汉人的心

拓跋宏（467—499）是南北朝时期最有作为的皇帝。作为少数民族统治者，他文武兼备，推行汉化政策，对中国民族融合产生了巨大而深远的影响。然而，这样一位杰出的皇帝，只活了33岁便离开了人世。

5岁时，拓跋宏被抱上了北魏皇帝的宝座。他情商很高，4岁那年，父亲身上长了个大脓包，他竟用嘴吸出脓水，治好了父亲的病。冯太后死后，他悲痛得5天不吃不喝，并坚持为她守孝3年。后人称他孝文帝，是恰如其分的。

从5岁登基到23岁亲政，隐忍了这么多年，拓跋宏迫不及待地要展露才能了。493年6月，拓跋宏以讨伐南齐的名义，把北魏首都从平城迁到河南洛阳。

平城，即今天的大同，是拓跋宏出生的地方。鲜卑族拓跋部落是北方强大的游牧民族，为扩大地盘，398年，道武帝拓跋珪迁都平城。云冈石窟，就是北魏迁都后佛教兴盛时期的历史遗留。一个世纪后，为了一统中国的梦想，拓跋宏离开生于斯长于斯的家乡，明修栈道，暗度陈仓，带着思想保守的鲜卑贵族迁都洛阳。他大力推广汉文化，穿汉服、说汉话，鼓励与汉族通婚，引导鲜卑民族走上全盘汉化的道路，甚至把自己的姓氏也改了，拓跋宏从此叫元宏。

拓跋宏的改革完全是自觉、积极、主动的。当时北魏国力强盛，统治稳定，维持现状亦可保国势稳固，但他认识到汉文化的优越性，也为了鲜卑族的长远利益考虑，毅然扛起民族融合的大旗，锐意改革。其实，受冯太后的影响，从18岁开始，拓跋宏就大量使用汉族士大夫管理国家，提倡各民族平等，实行高薪养廉的俸禄制度，严惩贪污腐败行为，收受贿赂达到一匹布就得掉脑袋。在他的统治下，社会风气大好，百姓安居乐业，文化事业欣欣向荣，洛阳龙门石窟的辉煌艺术就是明证。

改革是痛苦的。为了改革的顺利推行，拓跋宏忍痛除掉一批企图恢复旧制的宗室重臣。现在看来，他不管精华糟粕统统吸收，过于强调民族同化，似乎有些矫枉过正。但这场改革影响深远，为后世隋唐帝国的大一统奠定了基础，华夏民族也迎来了一个多元、璀璨、极富创造力的盛世。

石　勒

全球唯一一个奴隶皇帝

中国历史上有几位皇帝出身民间，但五胡十六国时代有位后赵高祖石勒，本是个没有人身自由的奴隶。

石勒（274—333），本名訇勒，上党武乡人，羯胡族人。他本是匈奴羌渠部落的后裔，祖上曾是个小小将领，但家道中落，到了石勒这一辈，更是穷困潦倒，以致沦为奴隶。

从一个连人身自由都没有的奴隶，到登上帝王宝座，石勒的一生充满了传奇色彩。他不识字，常让人读经史故事给他听，以提高自己的思想见识，即使在行军打仗时也不例外。当上皇帝后，石勒为百姓做了不少好事，比如支持西域高僧佛图澄开发的达活泉，至今仍在造福河北邢台人民。在政治实践中，他大胆改革创新，重视文化教育，主动吸收汉民族文化，特别是其改革、惩贪、奖廉的执政理念，即使今天看来，依然给人启迪。

石勒富贵后不忘贫贱之交。他还是个穷小子的时候，因为争夺沤麻池常和邻居李阳打架。当上皇帝后，石勒请武乡的老朋友聚一聚，李阳不敢去。石勒大度地说：“争沤麻池是咱俩以前结的怨，现在我广纳人才，怎么还会记恨你呢？”他和李阳一起喝酒，赏了他一所房子，还给他封了个官。参军樊坦穿得很破烂，石勒问他咋这么穷，樊坦脱口而出：“碰到横行不法的羯贼，把我家抢光了！”石勒笑了。樊坦这才想到不该当着羯族皇帝骂羯贼，忙跪下请罪。石勒却给他赏钱，让他去买衣服穿。

在穷困的少数民族中，石勒能迅速崛起，并统一中国北方，文治武功都有所建树，是一位杰出的帝王。在征战中，他心狠手辣，屠杀了不少无辜的百姓，就算是投降的人也不能幸免，但是抛弃旧怨和李阳握手言欢，宽恕樊坦的失言，却又显得胸怀宽广。

不过，英武一生的石勒，在接班人问题上出现了重大失误。太子石弘幼弱，他却让残暴的石虎去辅佐。等他一死，石虎便迫不及待地杀了石弘，后赵政权就此从巅峰落下，陷入危亡的败局。

隋唐五代

王 通

隋末河东大儒，门下弟子多名臣

汾水经龙门县向南注入黄河，龙门又称河汾。1400多年前，有位20岁的年轻人来到这里隐居，每天读书、思考、写作。

9年后，河汾黄颊山白牛溪旁，年轻人开班授课，社会名流远道而来，学生多达上千人。而让世人吃惊的是，当时的学生，后来大都成了大唐盛世的名臣名相，活跃在隋唐之际的历史舞台上。所以有人说，大唐王朝的“贞观之治”，功臣大都出自“河汾门下”。虽有些夸张，但亦反映出这位年轻人在隋末唐初的巨大影响力。

这位年轻的老师，名叫王通（584—617）。精通儒学，学问非常好。王通死后，他的弟子们将他奉为“至人”，称他为 “文中子”。他的学问思想被称为“河汾之学”。

出身书香门第的王通，家学渊源深厚，从小就受到儒学的熏染，常常跟父亲探讨学问，谈论国事。15岁时已名声远播，常与来家里拜访的长者和同龄人讲学论经，十里八乡的人称他为“小先生”。后来，他告别父母，出外求学，走访名士，受到很多教益，慢慢形成自己的新儒学思想和理论。那一年，王通写成《太平十二策》，不仅总结了历史经验教训，还详细地分析了当时的政治形势，提出自己的政治主张。

怀着为理想抱负而奋斗的热情，他进京上朝，向隋文帝杨坚陈述了自己的治国方略，可惜没有被采用。虽然后来隋文帝给他封了官，但王通志不在做官，而在治国理民。朝廷的现状和当权者的态度，让他明白了自己有志难酬。心灰意冷的他决定回家乡龙门隐居，既然当官治世的路走不通，那不如开班讲课，传授辅君为政之道。

王通一开课，天下轰动。隋文帝、隋炀帝先后四次召他做官，他心如磐石，不为所动。

公元617年，王通33岁，天下大乱，真正施展抱负的机会来了，他却一病不起，很快去世。

他的弟子们悲痛欲绝，根据《易经》“黄裳元吉，文在中也”，为王通起谥号“文中子”。后代学者对王通极为赞赏，认为他是一代“贤儒”。明代著名心学大家王阳明说，如果不是王通早逝，定可“圣人复起”。中国著名的启蒙读物《三字经》中，把王通列为诸子百家的五子之一：“五子者，有荀、扬，文中子，及老、庄。”

裴寂

唐朝开国元勋，李渊起兵功臣

裴寂（569—629），蒲州桑泉（今山西临猗）人，出身河东裴氏。隋末曾任晋阳宫副监，唐朝建立后任宰相。

唐朝的第一任皇帝唐高祖李渊，早年和裴寂是好朋友。两人常在一块吃饭、喝酒、下棋、赌博，通宵达旦，不知疲倦。当时，隋炀帝昏庸，天下混乱，李渊的二儿子李世民想发动政变，夺取天下，可又不敢跟父亲李渊直说。要知道，古人把对君主的忠诚看得比天还大！思来想去，只能请与父亲关系最好的裴寂出面劝说。

李世民故意让裴寂赢了好多钱，趁着裴寂高兴，谈起了自己的起兵计划。裴寂当即同意，随后成功说服了李渊。为了支持李渊起兵，他还利用自己看守隋炀帝行宫晋阳宫的便利，挪出很多米粮、铠甲等，为李渊起兵提供了丰厚的物质支援。

李渊即位后，感激地对裴寂说：我能当上皇帝，你出了大力啊！李渊任命裴寂为尚书右仆射，每天赐给他御膳，他所提的建议，几乎没有不听的。李渊还专门下诏书，给了裴寂两次免死的恩遇。

作为李渊的深交旧友，裴寂获得的待遇，别人永远无法企及。但是，自从李渊退位、唐太宗李世民即位之后，裴寂的好日子也到头了。他先被罢官，后遭流放，最后好不容易被召回朝廷，没多久就病死了。

裴寂少时清贫，结识李渊后一生荣耀，位极人臣，虽然他没有张良运筹帷幄的智谋，也没有韩信纵横沙场的能耐，但他会揣摩李渊的心理，又懂得处理和皇帝之间既是君臣又似兄弟的关系。不过，一旦失去了唐高祖李渊的庇护，裴寂很快便被免官削邑，从此退出政治舞台。

柴绍

大唐第一驸马

柴绍（588—638），晋州临汾（今临汾地区）人，典型的官宦子弟，小小年纪就因行侠仗义而出名，近身陪侍隋朝太子。娶了李渊女儿后，夫妻二人定居在长安城（今西安）。

公元617年，李渊决定起兵反隋，让在外地的两个儿子李建成、李元吉和女婿柴绍回来支援。接到老丈人的信后，考虑到两个人目标太大，柴绍决定一个人上路，妻子李氏（后被封为平阳公主）则变卖家产，女扮男装，为父亲秘密招募兵力，号称“娘子军”。

柴绍跟随李渊一路向西挺进，屡屡击败隋军，他有勇有谋，才华出众，为消灭刘武周、王世充、窦建德等立下了汗马功劳。

李渊登基后，各地还不是很安定，总有那么一小撮不服统治的人出来捣乱。公元623年四月，少数民族吐谷浑突然侵扰芳州。六月，柴绍奉命带部队前往平乱。六月廿九，在和吐谷浑作战中，柴绍不幸被围困在一个山谷里。吐谷浑军居高临下，万箭齐发，霎时间，柴军人仰马翻，形势十分危急。柴绍却面不改色，静静地坐在那里，不慌不忙地让人弹奏起胡琵琶，在悠扬、清透的音乐中，两个美女翩翩起舞。山谷上方的吐谷浑士兵们看傻了，不知不觉放下弓箭，呆呆地望着，忘记了自己正身处战场，更忘记了对手就在不远处伺机而动。一支精锐部队悄悄绕到吐谷浑军背后，趁其不备，突然发起袭击。这一战役，《新唐书》记载道"虏大溃，斩首五百级。"

柴绍打了胜仗，但很可惜，他的妻子平阳公主在这一年去世。唐高祖李渊黯然神伤，下令以开国功臣的仪式厚葬公主，这是史上绝无仅有的。

唐太宗登上皇位后，大行封赏，柴绍作为有功之臣，又是驸马爷，封赏自然不会少。贞观二年，柴绍参与平定梁师都，转左卫大将军，后出为华州刺史，加镇军大将军。

柴绍去世5年后，唐太宗想起当年跟他一起打江山的弟兄们，无比怀念，让人画了画像挂在凌烟阁，没事了就去凭吊、怀念一番。这就是凌烟阁二十四功臣。柴绍在其中名列第十四位。

尉迟恭
开国名将，中华门神

尉迟恭（585—658），字敬德，朔州善阳（今山西朔州朔城区）人，不仅纵横沙场，辅佐唐太宗李世民登上皇位，其形象还成为驱鬼辟邪、祈福求安的门神。

隋朝末年，农民起义此起彼伏，地方武装也如雨后春笋般拔地而起。617年，刘武周扛起反隋大旗，尉迟恭便去投奔，被授予偏将的职位。两年后，尉迟恭奉命出兵，屡战屡胜，锐不可当，直到遇到他生命中的真命天子——李世民，才第一次吃了败仗。

李世民爱惜他是个人才，将其纳入自己麾下，但其他人却都怀疑尉迟恭归顺的诚意。有一天，李世民带着几百人外出巡视，在北邙山突然被数倍于己的敌军包围。眼看李世民就要命丧敌手，斜刺里突然杀出了尉迟恭，以一当十，拼命救下了李世民。这一仗，尉迟恭的精诚忠义深深感动了李世民，从此对他百般信任。

公元626年，在尉迟恭的极力推动下，李世民发动“玄武门之变”，斩杀太子李建成后，不慎落马，被弟弟李元吉扼住咽喉。千钧一发之际，又是尉迟恭赶来，救下李世民。李世民登上皇位后，论功行赏，尉迟恭的功劳数第一。

渐渐地，尉迟恭开始居功自傲，越来越不把别人放在眼里，后来到了地方上做官，还是鼻孔朝天，出去赴宴，如果有人的位子比他尊贵，他就出言不逊。有一次，江夏王李道宗实在看不下去说了两句，结果当着李世民的面，尉迟恭差点把人家打瞎。饭后，李世民把尉迟恭找去，连劝带吓地对他说：“我对汉高祖诛杀功臣的事，是持否定态度的，我希望和你们这帮功臣们一起享受这富贵美好的生活。但是，今天你闹得太过分了！这么长时间以来，你的不良记录不少，看到你的表现，我才明白汉高祖杀韩信，把彭越剁成肉末，也是有原因的。咱们大唐立国，讲究法度，你该有什么待遇我也都给你了，希望你好自为之……”

尉迟恭从此收敛了许多，辞官回家，谢绝来客，研究方术以延年益寿。尉迟恭活到74岁，死后谥号为“忠武”，陪葬昭陵，作为一代武将，这是最高级别的评价了。

薛仁贵

他的名字能挡十万敌军

薛仁贵（614—683），山西绛州龙门（今山西河津市修村）人，是南北朝时期悍将薛安都的后代，出身于河东薛氏。但到他这一代时，家族已经没落。他天生力大无穷，但一直郁郁不得志，于是在妻子的建议下，报名参了军。

645年，在出兵高句丽的战场上，唐朝将领刘君邛被敌军团团围困，危难之际，无人敢救，只见小兵薛仁贵单枪匹马冲出，直取高句丽一将领的人头，救出刘君邛。没过几个月，薛仁贵又手持方天画戟，冲杀于敌军阵中，帮唐军取得了胜利。恰巧这次唐太宗在观战，他的勇猛都被皇帝收入眼底。战后论功行赏，唐太宗开心地对薛仁贵说："这次打仗，就算得到辽东也不是我高兴的，最高兴的是能得到你这样的人才！"

不过，薛仁贵的传奇经历才刚开始。662年，唐军与回纥军队在天山

（今蒙古杭爱山）交战。十多名回纥大将上前挑战，薛仁贵连发3箭，杀了3人。回纥军立马人心大乱，13万大军向薛仁贵下跪投降。这事当时在民间还被编成了歌谣："将军三箭定天山，壮士长歌入汉关。"

除了卓越的军事能力，薛仁贵的政治才能也很显著。征服高句丽后，薛仁贵奉命留守平壤，建设平壤新城。卸下盔甲，他立即投身于恢复生产、医治战争创伤的工作中。史书上说他抚养孤儿，赡养老人，治理盗贼，提拔任用当地人才，表彰奖励品德高尚的百姓。一时间，高句丽政举民安，人们生活重归平静。

但随后他的人生就走向低谷。670年，唐军和吐蕃交战，虽然薛仁贵做好了战略部署，但他的副将不听命令，擅自行动，破坏全盘大计，导致唐军失败。薛仁贵一人承担了所有的责任，被贬为平民。后来又经过几次召回、被贬，直到69岁高龄，他的威名还足以让突厥人胆寒。

一千多年后，薛仁贵的传奇经历和故事，还在不断地被演绎、流传，其中最著名的要数评书《薛仁贵征东》。

王　勃

我是上天手中的一支笔

初唐四杰，在中国文学史上是非常著名的。这四个人，个个才华横溢，以文章之美独步天下。而王勃，更是被称为“四杰之冠”。

王勃（约650—约676），绛州龙门（今山西河津）人，家学深厚，爷爷王通是隋末的大学者，人称“文中子”。王勃从小就聪颖过人，博闻强识，成功通过科举考试，17岁时经人介绍，进了沛王府成为王府侍读，很得沛王的喜欢。

但是，就在他人生得意的时候，一场出其不意的灾难降临到他头上。当时在权贵当中风靡斗鸡游戏，一天，沛王李贤和英王李哲玩斗鸡挑战赛，很多人聚在一旁看热闹。作为沛王下属的王勃，便拿出他的拿手绝活——写文章，写了一篇《檄英王鸡文》，为沛王的鸡呐喊助威。这本是游戏之作，不能当真的，可没想到，竟然触动了最高统治者敏锐的神经，唐高宗看到后非常生气，认为这是在挑拨两个王爷之间的关系，当即下令开除王勃，当天就把他从沛王府扫地出门了。

正是意气风发，做一番事业的时候，王勃却稀里糊涂卷入了暗潮涌动的政治斗争中，招来无情的打击，以致影响到他的一生。

在悲苦、愤懑、压抑的心情中，王勃离开政治中心长安，去四川游玩散心，一走就是三年。因为他懂一些药草知识，一位做官的朋友便帮他谋取了一个参军的职位。但天有不测风云，没多久，他又因为杀死自己藏匿的官奴而犯了死罪。

幸好碰上皇帝大赦天下，王勃捡回了一条命。这次劫难不仅让他从此对政治再也没有兴趣，还连累父亲被贬为交趾令。一年后，王勃坐船去看望父亲，渡海溺水，不幸淹死，时年27岁。但恰是在死前的一年内，他迎来了短暂一生中创作最丰富的时期，不仅写下大量脍炙人口的诗文作品，还留下了《滕王阁序》这样的传世之作。

王勃高才博学，文思敏捷，却郁郁不得志，四处受打压，纵有“落霞与孤鹜齐飞，秋水共长天一色”的名句流传千古，27年的生命却未免太短暂了些。

武则天

做人难，做女人难，做个女皇帝难上加难

西方的王朝政治并不排斥女人当国王、皇帝，英国的维多利亚女王、俄国的叶卡捷琳娜二世，都是被人称颂的政治家。中国不同，男尊女卑的社会格局下，女人稍微强势一些，就会招来“母鸡打鸣”的讽刺。“女主当国”更被视为国家没落的征兆，所以泱泱五千年中国历史，只有过一个女皇帝，她就是山西文水人武则天（624—705）。

“则天”并不是她的名字，是她的尊号“则天大圣皇后”的简称，她的本名非常柔美，叫“媚”。她的父亲是唐朝开国功臣。作为对功臣的一种笼络和恩宠，14岁的时候，武则天进入皇宫，成为唐太宗李世民的低等嫔妃。12年后，李世民去世，依照王朝的惯例，她们这些没有子嗣的嫔妃将在深宫或寺院中度过余生。但武则天把握住机会，趁太子李治陪侍重病的李世民时，让李治喜欢上了自己。出家为尼6年后，李治把她接回皇宫。

皇帝的女人很多，为了争宠，宫廷斗争之血腥和残酷难以想象，为了构陷敌人，武则天甚至扼死了自己尚在襁褓的女儿。靠着这种冷血，武则天当上了皇后，但她的政治野心远不止此，李治因头晕不能处理朝

一代女皇武则天　梁　铭 / 摄影

政，她便主动承担起朝堂重任，与李治并称“二圣”。

李治死后，武则天开始为当皇帝筹备谋划，终于在67岁那年登基成为皇帝，给自己改名为“曌”，意思是自己像日月一样，凌驾于天空之上。

作为妻子和母亲，武则天也许并不称职，但作为皇帝，却可以用杰出来形容——她知人善用，提拔了很多贤臣治理天下，号称“君子满朝”；她改革科举制度，让大批寒门出身的人也有了一展才华的机会；她加强对地主官吏的监察，对于土地兼并和逃亡的农民，政策则比较宽容。因此，在武则天统治时期，社会比较安定，农业、手工业和商业都有了长足的发展，户口年增长率为0.721%。这在中国古代，是一个很高的增长率。

风光了一辈子的武则天，死前的遗愿却是做回“则天大圣皇后”，主动要求和丈夫唐高宗李治合葬，死后墓碑上却不著一字。与其说“功过留待后人评说”，倒不如说她终究难逃男权附属品的地位。对于中国历史上唯一的女皇帝，这样的结局，是悲哀，也是无奈！

狄仁杰

是神探，是名相，更是唐朝大功臣

今人都知道，狄仁杰（630—700）是个大神探，可与英国的福尔摩斯、比利时神探波罗等相媲美。不过，因为影视剧、文学作品的渲染，人们只关注到了他断案的一面，其实，狄仁杰是个多面的人。

和一般的官僚子弟不同，狄仁杰从小就胸怀大志，饱读诗书，甚至是医学书籍，他也百读不厌。步入官场后，狄仁杰不管在哪里任职，都公平执法、宽严有度，不滥用刑罚，为当地百姓做了许多有益的事。所以，他每到一处，不管任期长短，都受到百姓的爱戴和尊敬。

作为一代名臣，狄仁杰能够举贤任能、尽忠职守，最重要的是，他面对强权敢于直谏。676年，大将权善才在负责看守唐太宗的昭陵时，不小心误砍了几棵柏树。唐高宗知道后很生气，要杀了权善才。狄仁杰冒死进谏，据法力争，终于说服了高宗。后来，越王李贞叛乱，张光辅平乱之后烧杀抢掠，杀了很多无辜的百姓，狄仁杰虽然是个地方官，却敢于挺身而出，厉声怒斥，还说要用尚方宝剑斩了他，逼得张光辅不得不收敛。再后来，女皇武则天上台，滥杀唐室宗亲和元老旧臣，狄仁杰不顾危险，在立姓武的还是姓李的为太子这个重大问题上，坚守立场不放弃，苦劝武则天，最终打动女皇，听从他的建议，立李显为太子，将唐室江山还给了李家。

狄仁杰像　崔人杰 / 摄影

狄仁杰是太原人。相传如今太原唐槐公园里的那棵唐代古槐，就是他小时候母亲亲手种下的。唐槐公园所在的村子，名叫狄村，是狄仁杰住过的地方。太原还有一条街，名为狄梁公街，原先建有狄仁杰的祠堂，后来因相邻的崇善寺失火，祠堂被毁，但街道还在，街名还在。街名、唐槐，昭示着先贤狄仁杰和这座城市的紧密联系，也让后人铭记，学习先贤，以史为鉴。

郭子仪

“十全老人”汾阳王

世界上没有十全十美的人，可有人接近完美。唐代郭子仪，虽然功劳天下第一，但皇帝一直信赖他、倚重他。这在“兔死狗烹、鸟尽弓藏”的古代社会，简直是个奇闻。

郭子仪（697—781），祖籍汾州（今山西汾阳），以武举人的身份参军，却一直没得到重用。755年，驻守边防的节度使安禄山叛变，郭子仪迎来了命运的转折点。他被封为卫尉卿、灵武郡太守、朔方节度使，率军讨伐安禄山，很快收复了包括京城长安在内的大片唐朝领土。762年，郭子仪被封为汾阳王，出镇绛州。

765年，铁勒族人、叛将仆固怀恩勾结吐蕃、回纥、吐谷浑和山贼组成30万人的军队，直扑都城长安。郭子仪只带了1万多人，被他们重重包围在泾阳。他让部将好好守着大营，自己带着骑兵偷偷出去侦察敌情。他发现，仆固怀恩在行军途中突然死了，这时候群贼无首，分营扎寨，各自为战。敌军当中，回纥部队最是兵强马壮，人数众多，郭子仪决定去回纥大营走一遭。他只带了几名亲随，没穿盔甲，没带兵器，进了回纥大营。回纥首领一看是郭子仪，赶忙上前迎接。

之前郭子仪两次从安禄山叛军手里收复失地，曾带领过借来的回纥兵，和他们有并肩战斗的情谊。回纥人称他为“郭令公”，对他十分尊敬。郭子仪一进回纥大营就说：“我们早就共过患难了，怎么突然就把从前的友谊丢在脑后了呢？”回纥人连忙下马，向他行礼：“果然是我们敬爱的老令公来了啊！”双方随即把酒言欢，发誓要像以前一样亲善。吐蕃见强大的回纥军加入了唐朝阵营，吓得赶紧就跑。郭子仪带领唐军和回纥联合部队乘胜追击，大败吐蕃，还缴获了大量战利品。

郭子仪戎马一生，屡建奇功，唐朝因为有他而重获安宁，连皇帝唐肃宗都亲口对他说：“我的家国，是你再造的啊！”虽然他位高权重，但从不居功自傲，非常有人格魅力。在军中，他忠勇爱国、宽厚待人，凡是和他打过交道的人都很敬重他；回到家里，则人丁兴旺、儿孙满堂。郭子仪活到85岁，死后举国沉痛哀悼，皇帝伤心得五天没上朝。清乾隆皇帝自诩文治武功，福禄寿俱全，自称“十全老人”，郭子仪作如是称也十分贴切。

山西作为郭子仪祖籍及其长期作战驻屯之地，从北到南都留下了他的遗迹和传说，脍炙人口的晋剧、京剧剧目《打金枝》，讲的就是郭子仪及其家人的故事。

杨玉环

大唐皇帝的宠妃，要的只是爱情

在古代四大美女中，“羞花”杨玉环无疑是最幸福的女人。纵然最后为政治而牺牲，但她想要的纯粹的男女之恋，终究是得到了。

杨玉环（719—756）本是唐玄宗第十八个儿子寿王李瑁的妻子。唐玄宗之所以会对自己的儿媳妇动了心思，起因竟是他宠爱的武惠妃死了，而后宫佳丽没一个能让他开心，直到遇见杨玉环，从此难以忘怀。令人啼笑皆非的是，武惠妃正是李瑁的生母，李瑁是她唯一没有夭折的儿子。

君生我未生，我生君已老。55岁的唐玄宗和22岁杨玉环相遇了，中间有巨大的年龄差距，隔着深邃的道德鸿沟，可帝王一旦动了心，一切都不是问题。玉环入宫后，唐玄宗夜夜专宠，宫中称呼她为“娘子”礼数实同皇后。唐玄宗对玉环的宠爱令人咋舌，光是为她做衣服的工人，就有七百多名，给她雕刻制作首饰的，又有好几百人。她喜欢吃荔枝，玄宗就派人千里快递，天天给送新鲜的来。每次出宫游玩，玄宗身旁总要带着贵妃，片刻不愿分离。日子久了，难免会吵吵架，但贵妃刚被送回娘家，玄宗就难忍相思之苦，低眉顺眼地去把人家接回来。

杨玉环吸引唐玄宗的，不只因为她肤如凝脂、身材丰满，还有更深层次的原因。

玉环出身于蒲州（今山西永济）的宦门世家，性格婉顺，精通音律，弹得一手好琵琶，擅长音乐、歌舞。而唐玄宗则有超凡的艺术素养，他精通琵琶、横笛、羯鼓，他的《霓裳羽衣曲》代表了唐代歌舞大曲的最高成就。两人志同道合、趣味相投，再加上玉环不过问朝廷政治，不插手权力之争，她对唐玄宗，是单纯的男女之爱，没有夹杂任何政治意味。难怪唐玄宗会对身边的人说，“我得到贵妃，就是得到了世间至宝啊！”

安史之乱后，唐玄宗带着玉环逃命，在马嵬坡兵变时，不得已赐死了玉环。最终杨玉环被缢死在佛堂的梨树下，时年三十八岁。

王 维

诗人里最会画画的，画家中最会写诗的

王维（701—761），字摩诘，祖籍并州祁（今山西祁县）人，随其父迁居于蒲州（今山西永济），家境殷实。他妈妈是个虔诚的佛教徒，所以他的名字也跟佛有关，来自于佛教中著名的在家菩萨维摩诘。王维的诗中有禅意，晚年信奉佛教，和家庭对他的影响有很大关系。

大唐山水画发展蓬勃，形成了风格不同的两大流派，一个是以初唐的武将李思训、李昭道父子为代表的“青绿山水”，一是以王维为代表的“水墨山水”。怪不得宋代大文豪苏轼夸王维，说他的画里都有诗的韵味，明代大画家董其昌也很推崇王维，把他看作南宗山水画的奠基人。

公元721年春天，21岁的王维中了状元，被封为太乐丞，一个为皇室宫廷宴乐培养乐队伶人的官。可几个月后，就因为手下人彩排时舞了只能给皇帝看的黄狮子，犯了忌讳，王维被贬官到山东济州去看守粮仓。公元731年，王维31岁时，妻子死了。昔日的状元郎、大才子、文艺界的

名流，竟不如意到这个地步！

直到张九龄做了宰相，王维当官的梦想又被点燃。但他的官位一直不是很高，也发挥不了太多才能。

公元756年，安禄山叛变，唐玄宗仓皇逃走，王维没来得及跑，被安禄山捉住，硬塞给他一个官做。他很痛苦，但无力反抗，只好浑浑噩噩度日。一年后，唐军收复长安，王维被当作变节的人，下了大狱等死。幸好他这一年里写过一首思念唐王朝的诗，加上他的弟弟王缙自请削官为他求情，唐肃宗才原谅了他，还给他一官半职。但这时王维已经57岁，是一个白发老人了。

王维一生中最舒服的时候，当属在辋川别墅的日子。那原先是诗人宋之问的宅子，很大很开阔，有山有湖，有林子有溪谷，王维常常邀请几个知交好友前来做客。早年积极的政治激情已然褪去，吃斋念佛、修养身心成了他日常生活的主导。不得不说，这时的王维，专注于向内看，精神世界富足，所以才能创作出蕴含禅意、清丽脱俗的名篇佳句。

苗晋卿

虽然性格软弱，却能一生富贵

活跃在唐玄宗、唐肃宗、唐代宗三朝政治舞台上的苗晋卿，虽然位极人臣，官至宰相，终其一生，却没有什么大的作为。

苗晋卿（684—765）是潞州壶关县（今山西壶关）人，祖上就喜欢以儒家的道德思想要求自己，到了他这一辈，也是以此为行动准则。苗晋卿天性聪明敏捷，凡事一点就透，官员同事们的公文，他扫一眼就能知道个大概。但是，他性格敦厚柔和，小心谨慎，明哲保身，比较懦弱，不会拒绝别人，也很少违拗别人的意见。

苗晋卿主持科举考试期间，政策比较宽松，有些奸猾的小人趁机做了不少坏事。公元743年春天，御史中丞张倚的儿子张奭报名参加了科考。人们都知道张奭不学无术，没想到竟然高中。结果出来之后，大家议论纷纷。后来这事被唐玄宗知道了，让所有考上的人在花萼楼集合，他要亲自再考一次。结果，十个人里面挑不出一个好的来。尤其是那个张爽，手拿着卷子，一整天没憋出一个字来。唐玄宗勃然大怒，苗晋卿被贬官去安康做了太守。

不过，政治生涯中这个不光彩的污点，并不会掩盖苗晋卿宽厚待人的人格优势。在统治集团高层，他身处利益纠葛当中，无法权衡，但到了地方上，自己能做主的时候，他的好品行发挥了作用。做地方官几年时间，他为官清廉，政治清明，得到了老百姓的交口称赞。以至于调走之后，老百姓还很怀念他，为他建立祠庙，歌功颂德。

有一次，他回老家壶关看望家人，远远地走到刚能看见县城的地方，就下了车，一路步行，表示对故乡亲人们的恭敬。回去之后，有的父老乡亲给他端茶敬酒，他也一点官架子都没有，伸出双手恭敬地接过来，一饮而尽。看到家乡办学经费紧张，他又自掏腰包，十分慷慨。苗晋卿谦敬的美德得到了大家的高度评价，声望一天比一天高。

安史之乱后，苗晋卿拒绝给伪政府办事，忠心耿耿地维护唐王朝的统治，所以叛乱平定之后，他得到皇帝的器重，从此步步高升，直到宰相的高位。

白居易

诗歌界的贾宝玉

世人都说贾宝玉最懂女儿心，其实，唐代的白居易（772—846）远胜于他。此人不光懂得怜香惜玉，更写得一手好诗。当时全国上下男女老少都爱吟诵白居易的诗。当时通信很不发达，但白居易的诗却像长了翅膀，流传到了国外去。据说，在日本人心中，白居易是中国唐代诗人中的第一名。

15岁时，白居易带着自己的诗去著名学者顾况家请教。顾况见他是个乳臭未干的小子，一边说着“长安米贵，居之不易啊”，一边拿起他的诗随手一翻，“离离原上草，一岁一枯荣。野火烧不尽，春风吹又生。”顾况不由地赞叹道：“长安虽然米贵，但你居之甚易！”白居易从此名声大震，很快步入仕途。

古人说，“不孝有三，无后为大”，人们普遍重男轻女，白居易却视女儿为掌上明珠。女儿嫁人后生了外孙女，他还高兴地对亲家说：“怀中有可抱，何必是男儿？”

白居易喜欢女儿，对女子也十分怜惜。那时他的文字不仅在文化圈子里流传，尤其是《长恨歌》《琵琶行》更是脍炙人口，被很多歌姬、舞姬传唱。樊素、小蛮就是因爱诗而爱上了白居易。白居易称赞她们的美：“樱桃樊素口，杨柳小蛮腰。”后来，“樱桃口”“小蛮腰”就成了中国人评价美女的标准。据说白居易60多岁时有半身不遂的先兆，怕耽误了樊素的青春，他卖掉爱马凑够嫁妆，让伊人改嫁。

唐朝经济由盛转衰，各种社会矛盾日益激化，社会不太安定。白居易秉性耿直，看见不平事就忍不住批评，写诗讽喻时弊，连皇帝他都敢说两句。因此在政治上树敌不少，常受到排挤，多次遭贬。但白居易任劳任怨，不管去哪儿上任都好好工作。他在杭州西湖筑白堤，解除了当地的洪涝灾害；为洛阳龙门修通河道，让船夫不用再踩着寒冰推船过滩。据说他离开苏杭时，有上万百姓挥泪送别。

宦海沉浮中，淡看人生起落，晚年的白居易过得十分精彩。9个70多岁的老头，人称“香山九老”，时不时在白居易家或者龙门香山寺聚会，大家喝酒写诗，谈天说地，好不快活。

白居易生前没来过山西，死后葬在洛阳，但他祖籍是太原人，永远是山西人的骄傲。

裴　度

平定淮西，笑看刺杀

提起中国历史上最为显赫的宰相世家，恐怕要数河东闻喜的裴氏家族了。裴氏家族名流辈出，光宰相就有59位。唐朝不到300年的时间里，裴氏一门竟出了17位宰相！这等尊荣，恐怕历史上再没有其他家族能与之相比。其中有一位名叫裴度（765—839），与郭子仪齐名，也被称有再造唐室之功。

裴度24岁中了进士，开始他的政治生涯。他一路加官晋爵，直至宰相。20多年间，历经唐宪宗、唐穆宗、唐敬宗、唐文宗四位皇帝，都担任要职。但他性情耿介，直言不讳，常遭到权臣的嫉妒、排挤。虽然曾三次做了宰相，也有五次被排挤、贬官的经历，但他一直很有威望，就连边境的少数民族部落首领，见到唐朝来的使者，也会打听他的近况。

平定淮西叛乱，是裴度一生最辉煌的功绩。814年八月，淮西节度使吴少阳死了，他的儿子封锁消息，带兵反叛。此事一出，朝廷内部出现了两个派别，一是大多数朝臣的主和派，一是以裴度、武元衡为主的主战派。唐宪宗最终听从裴度的意见，十月开始讨伐淮西。别的藩镇势力听说后，对主战派十分痛恨，竟派刺客前来暗杀。武元衡被杀，裴度也身负重伤。但裴度丝毫没有动摇平定叛乱的决心。唐宪宗被他的精神感染，封他为宰相，把用兵大事都交给了他。

裴度到前线后，不顾个人安危，深入前线慰问战士，大大鼓舞了士气。唐军连连取胜，很快扭转了战局。随后，他又批准了部下李愬突袭蔡州的计划。十月十一，在一个茫茫雪夜，李愬带兵攻破蔡州，10年的淮西割据局面宣告结束。凯旋的那天，唐宪宗封裴度为晋国公。

淮西的平定，使其他割据藩镇都先后归顺中央，国家一统，史称“唐室中兴”。裴度在其中无疑立下了最大的功勋。今天的闻喜裴柏村裴晋公祠遗址，还有由唐朝散文家韩愈撰写、清代大书法家祁寯藻书写的《平淮西碑》，提醒后人永远不忘裴度精神。

柳宗元

想当政治家的大文豪

历史常常和人开玩笑，让你的抱负每每落空的同时，却还让你以别的方式名垂千古，尤其是文人——他们总想着安邦定国，但最后所有在政治上的努力，还不如一首诗来得重要。

唐宋文坛有八个厉害的人物，称为“唐宋八大家”。唐朝有两人，韩愈、柳宗元，是古文运动的领导者，一扫数百年沿袭的绮靡文风和僵化形式，影响深远。然而，柳宗元却志不在此。

柳宗元（773—819）生在京城长安，出身于河东柳氏，中古时期河东三大姓之一。当年柳家也曾辉煌无比，在朝廷中枢担任官职的有22人，但在被武则天压制以及安史之乱波及后，像大唐的衰败一样，柳氏也走向没落。柳宗元的理想就是恢复大唐荣光、柳氏荣耀。

他21岁中进士，31岁担任监察御史里行（里行，见习的意思）。怀揣着报国革新之念，他参加了王叔文改革集团。王叔文不是传统官僚，因为下棋下得好，得到当时还是太子的唐顺宗的赏识。唐顺宗登基后，王叔文掌握大权，开始了一场壮烈却短暂的“永贞革新”。其中，加强中央权力，抑制藩镇势力，消除宦官为害民间的现象以及整顿税收、惩处贪污腐败等措施，统统瞄准了大唐的病症。但是，改革遇到了强大的反扑，唐顺宗一死，改革立刻化为泡影，一共才维持了121天。王叔文、柳宗元等都被贬斥，也就是常说的“二王八司马案”——大唐王朝的最后一次自救，就此宣告失败。

柳宗元被贬为永州（今湖南零陵）司马，很快又做了柳州（今广西柳州）刺史。永州和柳州都是蛮荒之地，流放犯人的地方，柳宗元被放逐，不仅判了他政治生命的死刑，甚至有着阴险的恶意——希望他死于瘴气。果然，南方湿热的气候损害了柳宗元的健康，让他在46岁时英年早逝。

在被贬的十余年时间里，柳宗元留心政务的同时，创作了大量诗文，《永州八记》《黔之驴》《捕蛇者说》等名篇流传至今，奠定了他千年的文名。只是，在他内心深处，恐怕并不愿意仅此而已。

李克用

独眼不妨战沙场，功封晋王启后唐

他生来就有一只失明的眼，但并不妨碍他13岁即成为“一箭双雕”的神射少年；他打了一辈子的仗，吞并了很多地盘，可他前脚一走，表示臣服的地区就伺机作乱；他手下猛将如虎，十三个儿子个个能征善战。他就是被唐室封为“晋王”的李克用。

李克用（856—908）出生在今天的大同一带，是沙陀人，本姓朱邪，一家人世世代代效忠于唐室，他也因跟随父亲平乱得到皇帝赐姓“李”，但他毕竟是外族，且又生性狂妄，骄矜残暴，始终得不到唐室的信任，每次要削弱藩镇势力时，名单上肯定有他，可因为他的勇猛，朝廷一旦有事，首先想到的还是他。

公元880年末，农民起义军领袖黄巢攻占都城长安，唐僖宗仓皇逃到四川，不得已重新起用李克用。28岁的李克用大败黄巢，逼其退出长安。从此，今天山西一带以太原西南为中心的广大地区，便成了他的大本营。

黄巢起义军逼近朱温管辖地时，朱温向李克用求助，战争胜利后，为答谢李的出兵，朱温特意设宴款待。但年轻气盛的李克用在酒席上骄横无理，酒后更对朱温出言不逊。当晚，恼羞成怒的朱温包围李克用的住处，想置其于死地。李克用拼死杀出一条血路， 300亲兵全部战死。李朱二人从此结成了死仇。

公元895年，李克用被封为晋王。但他用人不明，赏罚无方，只知道攻城略地，不懂如何巩固胜利。吞并潞州（今山西长治）后，他任命弟弟李克修为节度使。李克修治军理政都很有一套，但李克用视察时不看政绩，一味地嫌人家招待不周，把李克修活活气死了。

随着他的势力日渐衰弱，朱温的地盘越来越大。公元907年，朱温废掉唐哀帝，自立为王，建立后梁政权。李克用讨伐朱温，双方胜负难分，僵持不下。就在这紧要关头，李克用却突然染上急病，不治而亡，终年53岁。

李存孝

被嫉妒害死的十三太保

古人说“王不过霸，将不过李”，霸指的是西楚霸王项羽，而将，说的就是李存孝。李存孝的故事源远流长，从宋代以来，不管是说唱、平话、元杂剧还是小说，都非常喜欢勇猛善战、力大无穷的李存孝。从古至今，在今大同、朔州一带，一直流传着十三太保李存孝的传奇故事。

李存孝在艺术作品中是个大红人，不过，正史中提到他的笔墨并不多。李存孝（？—894）本名安静思，代州飞狐（今山西灵丘县）人，从小父母双亡。他是晋王李克用麾下的一员骁将，也是其众多义子中的一个。李克用将他的儿子、义子们封为太保，李存孝排行十三，是十三太保中最出名的。他经常带领骑兵做李克用的先锋部队，身披铁甲，腰挎弓箭长矛，挥舞着铁楇冲锋陷阵，所向披靡，敌人在他面前闻风丧胆。依照作战惯例，他常常带着两匹马作战，骑着的马一旦累了，速度慢下来，他立刻改骑另一匹，上下翻飞，其矫健神勇无人能及。

李存孝勇武非凡，军营中无人能敌，李克用非常器重这个义子，去哪儿都带着他，逢人就夸他，无形中给李存孝树立了很多敌人。公元890年，唐昭宗派兵攻打李克用，杀了他弟弟李克恭，另立孙揆为潞州节度使。李存孝出奇兵伏击，活捉了孙揆。但是，战争取得胜利后论功行赏，李存孝却没有得到头功。

同为李克用义子的李存信出于嫉妒，趁机故意挑拨他与李克用的关系，挑唆他背叛了义父。公元894年，李克用逼到城下，李存孝走投无路，哭着说："儿子本来不愿意舍弃父子的关系，投靠仇敌，这一切都是因为李存信诬陷啊！希望能活着见父王一面，说一句话就死。"李克用派人入城把李存孝带回来，押到晋阳，将他处以酷刑，五马分尸。行刑前，李克用希望将士们为李存孝求情，他也好顺势赦免了李存孝，但是大家平常就很嫉妒他，没一个人为他求情。

李存孝死后,李克用很悲伤,十几天不理政事。据说后来李克用每次和将士们赌博,谈到李存孝都会伤心，跟别人喝酒喝到兴头上，聊起李存孝，也会泪流不止。

而今，太原西山风峪沟口的太山脚下，还留有李存孝墓。墓地是一个石头砌成的坟丘，有石碑一通，刻着"大唐李将军存孝之墓"。

石敬瑭

饮鸩止渴，憋屈而死

五代十国时期后晋开国皇帝石敬瑭，中国历史上大名鼎鼎的人物。为了当皇帝，他认外族敌人作父，割让幽云十六州，中原从此失去北面的屏障，门户大开，埋下了宋朝几百年积弱的祸根。

石敬瑭（892—942）是太原沙陀族人。年轻时骁勇善战，出生入死，几次救了后唐皇帝明宗李嗣源。石敬瑭在朝中名声大震，人称“石郎”。李嗣源对石郎非常器重，把女儿嫁给他，当他是心腹。可老丈人一死，石郎就变了心。李嗣源的养子李从珂叛乱，石郎不但不带兵平乱，反而将皇帝抓住送给了李从珂。很快石郎就尝到了恶果，李从珂当上皇帝后，对他的势力很忌惮，百般猜疑，石敬瑭成天提心吊胆怕被杀掉，不得已扛起大旗公然反叛。

契丹是五代时期中国北方的强大民族，907年建立契丹国，938年辽太宗耶律德光改国号为辽。趁着中原地区混战，契丹人厉兵秣马，势力越来越强。为了和李从珂对抗，石敬瑭向契丹借兵，向小他11岁的契丹国主认父称臣，还许下了割让国土的承诺。虽然他的心腹刘知远提出条件太屈辱，没必要许诺那么多，但石敬瑭仍一意孤行。

936年11月，石敬瑭在柳林（今山西太原市小店区刘家堡乡西柳林村）称帝。石郎终于实现了他的皇帝梦，可他没想到，自己饮鸩止渴，没有一个皇帝像他这样窝囊，虽然高高在上却战战兢兢，生怕契丹老子一个不高兴拿走他的皇冠。仅仅6年后，石敬瑭便在憋屈和窝火中病死，给儿子石重贵留下一个烂摊子。4年后，后晋政权就被叛乱的将领和契丹一起灭掉了。

称帝前，石敬瑭礼贤下士，以仁慈勤俭闻名，治理地方政务也很得民心。本可以做一位有功德的君王，却偏要当个可耻的儿皇帝，石敬瑭的一个下下策，误了自己一生。

荆　浩

北方山水画开山鼻祖

“吴道子的山水画有笔没有墨，项容有墨没有笔，我应该取两人的长处来画我自己的画。”荆浩如是说。后来，他果然“忘笔墨而有真情”，成为北方山水画的开创者，也是五代时期后梁最具影响力的山水画家。

因为史料缺失，荆浩的生平事迹、生卒年已不可考，只知道他是今山西沁水人，士大夫出身，不光会画画，还博通经史，会写文章，又擅长书法，是柳公权“柳体”的追随者。

唐末五代时期，天下动荡，荆浩隐居到太行洪谷，即今天山西沁水中条山主峰历山东北麓的寺沟河谷。所以，他自称为“洪谷子”，种几亩田，徒步旅旅游，顺便画画、写生，每天日出而作，日落而息，过着简朴、逍遥的隐居生活。

在荆浩之前，中国的山水画，很少能见到表现雄伟壮阔的大山大水和全景式布局。身处气势磅礴的太行山之中，荆浩对大自然的审美认识发生了巨大变化，在他看来，山水树木和人一样，有无限的内在生机，自然万物之间也有其整体关联。在这种认识中，他最终创立了“开图千里”的绘画新格局。

有记载的荆浩画作有五十多幅，但除了《匡庐图》尚存外，其他都已失传。至于目前据传是荆浩的几幅作品——美国纳尔逊美术馆收藏的《雪景山水》，日本大阪市立美术馆收藏的《江山瑞霭图》，台湾故宫博物院收藏的《渔乐图》等，是真品还是仿作，还存有争议。

不论如何，如今收藏在北京故宫博物院的传世名画《匡庐图》，就是荆浩以山西洪谷山水为题材背景而作的。而作为杰出的美术理论家，其理论著作《笔法记》，也是以中条山主峰历山一带的群峦叠嶂、山间飞瀑和古松怪石的气势雄姿为原型写就的。山西这方水土养育了荆浩，他又自山西好风光之间体味到终极之美。像荆浩这样，内心世界与自然山水合一的人生境界，恐怕是很多人终其一生追求的目标。

宋 元

杨家将

男女皆上阵，满门尽忠烈

中国历史上的名将很多，将门家族也不少，但没有一个家族能像北宋杨家将那样知名。借助评话和戏曲等文艺形式，杨家将在民间几乎成为忠勇义烈的象征。

在演义中，杨家将从杨业开始，几辈人为大宋驻守边关，忠烈满门，殉职殒身者不知多少，杨家的女人们在杨业夫人佘老太君的率领下，还上演了《十二寡妇征西》的传奇。

历史上的杨业，出身于地方豪强家族，父亲杨信是五代时北汉治下的一个小军阀。杨业年轻时被父亲送往北汉国主刘崇那里，得到刘崇喜爱，称帝后赐姓给他，因而又名刘业。在北汉期间，杨业主要负责防御辽的进犯，创下了“无敌”的称号，功勋卓著。赵光义灭了北汉后，杨业归顺了宋朝，还是负责对辽的战事。北宋初年赵光义派遣三路大军北伐辽国，西路军主将为潘美，杨业为副帅、先锋，但监军王侁先是轻敌冒进，后则畏敌先退，置杨业于险地，使得杨业被俘，几天后绝食而死（他的二儿子也死在这场战斗中）。因为这事，王诜被流放，潘美被降级。

杨业死后，其长子杨延朗（后改名杨延昭）继承父亲遗志，继续为大宋镇守边关。据说，北斗七星中第六颗星专门克制辽国，因为杨延朗的威名，辽人都称杨延朗为“六郎”。演义中说杨业中有好几个儿子，号称“七郎八虎”，杨延朗被称为“杨六郎”，源出其实在这里。

杨延朗的三儿子杨文广，少年从军，在宋与辽、西夏的战争中多次立功，狄青平灭侬智高之乱时，杨文广是副帅。杨文广后来也回到宋辽边

杨家祠堂　梁　铭 / 摄影

境任职，并死于任上，临死前还为朝廷献上夺取幽燕的策略，但以北宋的积贫积弱和苟安心理，他的计策没有得到落实。如果往远了说，岳飞手下大将杨再兴也是杨家后人。

真实的杨家将，比起演义来，或许不够惨烈，但忠义底色却丝毫不差，这给民间文艺工作者提供了绝好的素材。更重要的是，北宋在自己人和后人的眼里，一直是受气挨打的形象，需要有这么一个家族来表达不满、寄托希望。所以，几乎与杨家将存在的同时，杨家将演义就诞生了，并在随后的漫长岁月中，每当人们觉得国势不振时，就把杨家将的故事再讲一遍。而位于代县的杨家祠堂，或者叫杨忠武祠（“忠武”是杨业的谥号）——其实质是一座精神地标，象征着中华民族性格中最刚烈义勇的那部分。

狄　青

面带刺青的大将军

统领千军万马的大将军，脸上一直保留着表示地位低下的刺字。当皇帝觉得很不体面，劝他弄点药膏除掉刺青时，他说："我本就是出身贫寒的人，因为努力杀敌为国出力，才有了今天的成就……我愿意留着脸上这些字来激励自己，同时也激励那些出身贫寒的将士杀敌立功。"这个面带刺青的将军，就是狄青。

狄青（1008—1057），汾州西河（今山西汾阳）人。16岁时，因为哥哥和别人打架斗殴闯了祸，狄青代兄受过，被强行征兵入伍，开始了他的军旅生涯。北宋的法律规定，凡是出身贫寒的人当了兵，脸上都得刺字。这样的话，就算逃跑也容易被人认出来。可是后来，狄青当了大将军，脸上还保留着低贱士兵的标记，不能不让人敬佩他内心世界的强大。

1040年，经人推荐，狄青得到了范仲淹的赏识。范仲淹向他推荐《左氏春秋》，告诉他：“将帅不知道古今的历史，就只是鲁莽的匹夫而已。”狄青从此发愤读书，精通秦汉以来将帅的兵法，带兵打仗也比以前更厉害了。因为他勇猛善战，屡建奇功，所以升迁很快，最后当了全国最高军事长官。

但是，从宋太祖“杯酒释兵权”以来，宋朝的政治环境一直歧视武将，随着狄青的官越做越大，朝廷对他的猜忌和忌惮也越来越深。即使在国家危难之际，狄青率兵出征，朝廷也不忘派宦官去监视他的一举一动。最后，当狄青终于被罢官，离开汴京，去了陈州，朝廷还是不放心，每隔半个月就派人去看他，说是慰问，其实是监视。而狄青也被各种谣言搞得痛苦抑郁，不到半年，就病死了，年仅49岁。

狄青墓在今山西汾阳城北的刘村，墓旁建有狄公祠。后来在抗战期间被毁。不过还好，“宋狄武襄公之墓”墓碑还在，碑身高4.6米，是山西第二高碑。宋仁宗为狄青书写的碑文也完好，碑文约3000字，简述了狄青的生平。

米　芾

书法大家爱石头

米芾其人，爱好广泛，喜欢书法，爱好绘画，钟爱收藏，痴迷石头……还都不只是喜欢、玩一玩而已，每种爱好他都玩成了专家，玩到了极致。

米芾（1051—1107）祖籍今山西太原，后来全家迁到了湖北襄阳，所以又称“米襄阳”。米芾爱画山水画、枯木竹石，画有新意，平淡天真，和一般人不同。他平生在书法上用功最深，成就也最大。他不光擅长小篆、隶书、楷体、行书、草书等，临摹的功底也非常深厚，能达到以假乱真的程度。虽说米芾天资聪慧，但是，他的成功完全靠后天的苦练，丝毫没有取巧的成分。据说他每天都要练字，连大年初一都不会忘了写字。米芾喜欢收藏，藏品丰富，每次出门游玩的时候，都会随船带上他的藏品，还会在船上拉起“米家书画船”的横幅。

米芾人称“米癫”，是因为他行为怪异，尤其是对石头爱得癫狂，这让他常做一些一般人做不出的事情来。他在安徽做官时，听说濡须河边有一块怪石，当时的人们有些迷信，怕招来不测，都不敢擅自乱动，米芾却立刻派人将石头搬到自己家，摆好供桌，上好供品，向怪石下拜，嘴里还念念有词：我想见到石兄二十年了，真是相见恨晚啊！后来这件事被传了出去，因为米芾有失官家体面，被人弹劾丢了官。但他一向不看重官阶这些外在的东西，所以也不觉得后悔。

像这样的事，在米芾身上举不胜举，传说他喜欢一块石头，晚上都会抱着睡觉，爱上一块石头，如果得不到，宁可去死，石头就是他的命。在当时因醉心于艺术，米芾不在乎仕途发展，更从不恭维、巴结别人，所以没有卷入任何政治漩涡，反倒有更多的时间和精力，去成就自己的一番事业。

文彦博

历任四朝皆宰相

文彦博（1006—1097），字宽夫，汾州介休（今山西介休）人，北宋政治家、书法家，先后辅佐北宋、仁宗、英宗、神宗、哲宗四位皇帝，出将入相，达五十年之久。

少年文彦博聪慧过人，据说他小时候和小伙伴们玩球，不小心把球滚进了一个树洞里，大家想了好多办法，都不能把球拿出来。文彦博灵机一动，带领大家往树洞里灌水，没多久，球自己浮了上来。

文彦博谋略过人，富有远见，杀伐决断，又宽厚待人，不管是做文臣，还是去带兵，都成绩斐然，令人敬佩。而且，他和一般的清高文人不同，脑子十分活络，很懂人情世故。据说宋仁宗的妃子张贵妃的父亲曾是文彦博家的门客，张贵妃主动结交文彦博，称他为伯父，把他作为自己的外援，也主动给他消息，助他升迁。有个叫唐介御史的抓住这事不放，以私结宫掖为名弹劾文彦博。皇帝一怒之下，文彦博被降了职，唐介也被免了官。后来朝廷有事要用文彦博，文给皇帝写报告说:“您只叫我不叫唐介,我不敢回去。”于是皇帝又起用了唐介。后来唐介的儿子做了文彦博的门客，竟然得到重用，可见文彦博“宰相肚里能撑船”。

文彦博纵横官场50多年，名声在外。有一回，契丹使者来拜见宋哲宗，与文彦博偶遇。当听说他已经80多岁高龄时，使者肃然起敬。陪同人员苏轼介绍说：“你只是看到他的容貌，没听见他说话。他处理事情干脆利落，年轻人都不如他，他学问贯通古今，专家学者也有比不上他的。”还有一次，西羌首领得了一匹名马，特意央求边防官吏帮忙把马运到洛阳，送给文彦博。可见其声望之高。

文彦博有思想，有性格，能力强，会变通，其为人处世堪称一代俊杰。明清时候，介休老家修建了文彦博祠堂，供后人祭奠、瞻仰。

司马光

他给皇帝写教材

司马光（1019—1086）出名很早。7岁时，他机智沉着、临危不惧，砸破水缸救出伙伴的故事，被人画成《小儿击瓮图》广为流传。长大后的司马光，直率坦诚，耿直热情，博学强识，喜好读史，又跟着父亲游历了不少名山大川，见多了各地的风土人情，比同龄人更多一份成熟。

20岁的司马光刚中进士，父母便相继病逝。辞官回老家（今山西夏县）居丧期间，他阅读了大量的书籍，排遣内心的哀伤。这也让他有机会跟邻里亲友交往，了解到底层人民生活的情况。

司马光做官和别人不同，别人是官越大越好，他呢，不看官大官小，只看自己能否胜任，看是否是自己擅长的领域。1061年，司马光被任命为起居舍人，也就是谏官。这是个得罪人的差事，没人愿意干，司马光却开心地去上任了。谏官有权直接向皇帝进言，可以干预国家大政方针，可以把老百姓的疾苦告诉最高领导人，这是他向往已久的事啊！做谏官的5年里，司马光直言敢谏。不管是皇亲国戚，还是宠臣近侍，甚至于皇帝，他都直言不讳，几乎到了呕心沥血的地步。

44岁那年，皇帝让司马光做知制诰，每天掌管起草皇帝的诏书。这是个容易飞黄腾达的职务，每天陪在皇帝左右，既能显露才华，又易得到提拔。但他不愿意去，觉得自己不适合担任，于是坚决推掉了这个任命。

司马光为人诚恳真实，严肃认真，非常固执，不达目的不罢休，但从来都对事不对人。公元1062年，他的好朋友王安石担任参知政事，在全国上下推行改革、变法，史称“王安石变法”。司马光和王安石对政治形势的认识基本一致，但他不同意王安石的做法，坚决抵制，不因好友的关系而有所融通。

仕途上，司马光很成功，一生从政40多年，历经四位皇帝，都很信任他、重用他。不过，他在历史学上的成就也是不可抹杀的——退居洛阳的15年里，他编写出中国第一部编年体通史《资治通鉴》，其史学价值不可估量，后来更成为历任皇帝们正己修身、治理国家的必读书目。

关汉卿

梨园界的领袖，剧作家的前辈

对于“世界文化名人”关汉卿（生卒年不详）来说，后人研究他的剧作，分析他的戏曲作品如何深刻，思想内涵如何厚重，却因为当年他只是一个跟戏子、妓女们混在一起的“下九流”，正史没有记载他，这在今天看来，总是令人遗憾的。

关汉卿究竟是哪儿人，目前有三种说法，一说大都（今北京）人，二说祁州（今河北安国）人，三说解州（今山西运城）人。三个地方都在争，河北安国还有关汉卿墓和关汉卿纪念馆，但经过很多专家和研究者分析、考证后认为，“解州说”的可能性最大。

作家总会有意无意间把自己的生活境遇与经历带到作品中去。关汉卿的散曲《南吕·一枝花》带有自述性质，其中用第一人称记述了他生活上的某些经历，还生发了许多感慨。中山大学吴国钦教授说，“这一套曲，是关汉卿的一幅‘自画像’。”在曲子里，关汉卿说，“我是个普天下的郎君领袖，盖世界浪子班头。”又说，“我是个蒸不烂、煮不熟、捶不扁、炒不爆、响当当一粒铜豌豆。”风流倜傥的关汉卿把这曲子送给了女演员朱帘秀。

贾仲名在《录鬼簿续编》里说，关汉卿是梨园界的领袖、剧作家们的带头大哥、戏班子的班头。那时候，戏班子里的观众各色人等都有，上至王公贵族，中有商贾士人，下到贩夫走卒，都是来寻欢作乐的。所以，这里面除了演戏唱曲之外，还得有赌博、围棋、歌舞、吹弹，等等各种活动。关汉卿自诩他在戏曲界里是有资历、有影响的老前辈，什么有趣的玩意儿他都会。这和当时的道德观念是格格不入的。但是，在那个特殊的历史年代，知识分子如果不凭借科考进入官场，为了生计，就不能不委屈自己，去开辟其他的道路。

不过，关汉卿没有自暴自弃，也没有抑郁退隐，反而表现得斗志昂扬、阳光灿烂。他施展才华，写出大量艺术作品，描写社会底层的弱者，反映普通妇女甚至妓女们的生活，为他们鼓与呼，为他们的自强不息摇旗呐喊，为他们的生命、生活喝彩或抗争。说关汉卿是中国的莎士比亚，这话一点不为过。

元好问

以一己之力修一朝之史

家庭对人的影响是巨大的。元好问的先祖本是北魏皇族拓跋氏，北魏孝文帝推行汉化政策，才举家改姓元。元好问（1190—1257）出生在秀容（今山西忻州），因为出自少数民族，元家家风宽容，不拿狭隘的种族观念去区分正统，元好问在这样的环境下长大，对他一生都有重大的影响。

元好问的老师名叫郝天挺，是元代名儒郝经的爷爷。郝天挺在今山西陵川一带很有声望，他教育元好问要系统地钻研经史和诸子百家，而且要融会贯通。对于元好问儒家道德品质的培养，也十分上心，他常说："现在的官，多因贪污受贿而垮台，都是吃不了饥寒之苦，又不能克制私欲所致。大丈夫若是不耐饥寒，那就一件事也做不成。"元好问跟郝天挺扎扎实实学了六年，为终身治学打下了坚实的基础。

1215年，蒙古军突然南下，包围太原。元好问全家从山西逃难到河南。在兵荒马乱的年月，元好问依然不辍苦读，两年后竟写出一组诗歌评论《论诗三十首》，抒发他对诗坛的看法，直指金代诗歌创作中的流弊。这一年，元好问28岁。

元好问有一首著名的词作《摸鱼儿》，“问世间，情是何物，直教生死相许？……千秋万古，为留待骚人，狂歌痛饮，来访雁丘处。”写的就是发生在太原的一件事。那年，元好问去太原考试，路上碰见一个捕雁的人。他说，“今天已经杀了一只雁，它的伴侣本来已经逃脱，但不停地悲鸣，竟故意撞地而死。”元好问听了很感动，便从他手里买下死雁，埋葬在汾河边，堆上石块做标志，起名为“雁丘”，然后做了这首词。

金朝灭亡后，元好问被羁押了一段时间，又返回山西生活。他怕朝代更迭之际的历史真相被人歪曲，便以写金史为己任，希望后人能从国家兴亡中吸取教训。他每收集到一点有价值的史料，就用小楷记录在纸条上，写满若干张，就捆成一束。在他去世之前，终于完成史稿。所以，在辽、金、元三朝少数民族的历史中，只有《金史》比较完善，这与元好问的贡献分不开。

作为汉化的少数民族，元好问漠视种族地域，认为皇帝是次要的，百姓才更重要。所以，只要是有利于百姓的事，有利于华夏文明的事，他都会去做。在他看来，挽救文化比以身殉国更有价值。

郝　经

可怜一代名儒，壮志未酬身被囚

郝经（1223—1275），泽州陵川（今山西陵川）人，出身于儒学世家。其祖父郝天挺是元好问的老师。

郝经出生于战乱年代，过着颠沛流离的生活，直到16岁才跟着父亲开始学习。每天晚上9点多，他才能结束一天的工作，坐下来看书，困了就打个盹儿，醒了接着看书直到天亮。他苦学的精神让很多人深受感动，当地两位官员贾辅、张柔先后聘请他为私塾老师，既能使他养家糊口，又让他得以饱览两家丰富的藏书。十几年后，郝经已成为精通经史百家的学者，还形成了一套系统的治国思想。

郝经是忽必烈的谋士。他的治国理论，他对军事的看法、建议、主张，忽必烈都非常重视。忽必烈能继承大汗位，郝经功不可没。继承汗位后，为了稳定新政权，忽必烈决定停止对南宋的军事进攻，让郝经带着40多人前往南宋议和。谁知郝经刚到，便被丞相贾似道秘密监禁起来，百般阻挠他与南宋皇帝见面。

被囚的16年里，面对贾似道的威胁、分化、策反和迫害，郝经宁死不屈，不为所动，连看守人员都被他感动了。一天，看守送来40多只大雁，让郝经改善生活。看到大雁，他突发奇想，或许可以鸿雁传书？1274年九月的一天，他将写好的帛书用蜡丸包好，系在大雁脚上，送它高飞。还没等到大雁的音讯，元朝的军队已打到了南宋，郝经可以回家了！其实，大雁没有辜负郝经的重托，真的把书信带到了北方。不过，当元朝的官员发现这封信时，郝经已因为监禁生活而受尽折磨，在回家的第二年即病逝。人们捧信细读，再次被郝经的忠义所感动，把他比作“汉代的苏武”。到元朝末代皇帝时，人们还在追忆他。

被囚期间，郝经将他的思考写成了一部部学术著作，内容涉及政治、经济、哲学、文学、史学以及天文学等多个领域。作为思想家，郝经虽然推崇儒家，但没有惟汉独尊，他提出“从君不分夏夷”论，不论汉族还是少数民族，只要对百姓好，都可以当皇帝。中国多民族国家的形成，与像郝经一样坚持这种思想的历史人物是分不开的。

如今，在郝经故乡陵川县，还建有小庙和祠堂，里面供奉着郝经像，人称“圣人祠堂”。

贾　鲁

有一条河，以他命名

黄河被称为中华民族的母亲河，可这条河总不让人省心。黄河泥沙多，泥沙堆积在下游的河床上，日积月累，越来越高。每逢秋天汛期到来，轻则泛滥决堤，重则河道大改。

在元朝统治的91年里，黄河决堤了六七十次，平均每一年半决堤一次，而决口有二三百处。公元1344年上半年，中国北方一些地方连续几月普降大雨，河水暴涨，冲破了白茅堤、金堤，沿河居住的人们流离失所，哀号动天。山西高平人贾鲁（1297—1353），就在这个时候登上了历史的舞台。

贾鲁沿着河道考察地形，往返几千里，绘制了地图，向元顺帝报告：有两个治理办法，一是修筑北堤，二是疏塞并举，恢复旧有的河道。报告递上去后，没有被采纳。1349年，黄河再次决口，贾鲁再次提出自己的方案，疏塞并举的方案被宰相脱脱采用。1351年四月，55岁的贾鲁带着15万民工和2万士兵，开始了黄河治理史上著名的“贾鲁治河”。

贾鲁的思路是：先把原来的水道疏通好，然后把决堤的口子堵住，引导黄河水重新流向原来的水道。他创造了石船堤障水法，用27艘大船组成3道船堤，每堤9艘船，用铁锚固定住船身，3道船堤连成一体。在船中铺上草，装满小石子，这样把船变成石船。27只石船依次下沉，层层筑起“石船大堤”。可是在船堤合龙的紧要关头，黄河水势突然暴涨，怒吼咆哮，船基大动，工人们都吓呆了，以为这下可完了，呼喊着就要逃走。贾鲁却机智沉着，敏捷果敢，指挥十几万人奋力拼搏，经过惊心动魄的大搏斗，终于完成合龙工程，将黄河水引入故道。整个工程进行了190天，将近9年来的水患终于结束。

后来，人们为了纪念贾鲁的功绩，就把他治理的这条河道称为贾鲁河（今河南境内）。用治河者来命名河道，这在黄河治理史上绝无仅有。

明　清

罗贯中

三国历史的民间叙述者

罗贯中（约1330—约1400）是山西祁县人，父亲是做丝绸生意的商人。14岁那年母亲病故，罗贯中辍学跟父亲去苏州、杭州一带做生意。那时杭州不仅是商业发达的繁华都市，也是戏剧演出和“说话”艺术发展的中心，更聚集了关汉卿、郑光祖等活跃在文艺圈子里的名流。受此感染，罗贯中决定弃商从文，从此走上艺术创作道路。

罗贯中先是拜了著名学者赵宝丰学习，还给自己取号“湖海散人”，意思是漫游江湖、浪迹天涯，随后又结交了不少志同道合的文友。但是，罗贯中与人寡合，又自命清高，知交好友不多。据记载，和他私交不错的也就两个人，一个叫贾仲名，一个是施耐庵。后来，贾仲名写了一本小册子《录鬼簿续编》，记录了不少戏曲家及其作品。罗贯中作为与“倡优”、戏子等“下九流”为伍的戏曲平话作家，正史不可能为他作传，后人通过他这位好友的小书，才略微了解了他的一些事迹。另一位施耐庵，则是中国著名古典小说《水浒传》的作者。

罗贯中所处的时代，民族矛盾和阶级矛盾异常尖锐复杂。元朝蒙古贵族的残酷统治和压榨，激起了全国人民的反抗，推翻元朝统治的战火此起彼伏。据传，罗贯中在这种社会背景的影响下，参加了其中一支起义军，给张士诚充当谋士。在张士诚失败后，罗贯中转而投身到他一直爱好的文艺创作中。

他与说话艺人、杂剧作家聊天，到处考察、采风，搜集民间流传的英雄故事，整理、撰写出许多以民间话本、戏曲为原材料的小说。其中，最受后人推崇的，便是《三国志通俗演义》。

文艺创作来源于生活而高于生活，罗贯中生活于乱世，他笔下的故事也都以乱世为背景。他写小说，一方面是书写胸中愤懑，另一方面，也是想为他熟悉的说话艺人们提供一个好的本子。他成功地把章回体小说推向了成熟，揭开了中国小说发展的崭新一页，而且，他的《三国志通俗演义》，不仅在国内妇孺皆知，还被翻译成多国文字，风行全世界，被国外学者称为“一部真正具有丰富人民性的杰作”。

王 琼

四朝元老，治世重臣

王琼（1459—1532），太原府太原县（今太原市晋源区）人，明朝政治家，军事家。王琼在其政治生涯中做了三件被人称道的大事，一是治理漕河，以敏练著称，二是平定宸濠叛乱，三是总制西北军务，立功边陲。其一生政绩卓著，攻于学、勤于政、忠于君。历史上将他和于谦、张居正并列为明代三重臣。

王琼4岁会写楷书，8岁读通《尚书》，26岁进入官场，经历了明朝成化、弘治、正德和嘉靖4朝皇帝,从一个六品小官到在户部、兵部、吏部任尚书，主管过民政、财政、军事和官员任命、调派。王琼所处的时代，是一个宦官弄权、官员派系斗争严重、农民暴动、边疆矛盾突出的动荡时期。然而，他却以出色的才能，妥善处理各项事务，对内关注民间疾苦，对外维护国家的安定统一，被后人誉为明朝“治世重臣”。

久在官场，不可能事事顺利。王琼被人诬陷遭贬时，已经是63岁的老人。为了让父亲安度晚年，他的长子王朝立为父亲在家乡太原悬瓮山下建了一座园子，名为“晋溪园”。王琼回去后，每天吟诗写字、下棋垂钓，怡然自得。但这样闲适的生活过了不到半年，嘉靖皇帝又因西北战事吃紧把他召回。已经70岁高龄的王琼，竟然又赴疆场。

王琼为人耿直，不阿谀奉承，胸怀又十分宽大，不计前嫌。南京御史马扬曾中伤王琼，嘉靖皇帝将马扬下狱，但王琼说，我当尚书的时候，马扬还没当官呢，我的履历，他怎么知道的？他是被人蒙蔽利用了。在王琼的举荐下，马扬从监狱里放出来，官复原职。

而今，晋溪园里建有王琼祠。祠前有两株古银杏树，树高20多米，相传是当年王琼亲手栽种的。王琼出自太原王氏，近年来常有王氏后人来祠内瞻仰、祭祀，凭吊先祖功绩，感怀先祖精神。

杨　博

他把青春献给大明边关

明朝蒲州（今山西永济）人杨博（？—1574）是个文武全才。

他从小喜欢读兵书，20岁时中了进士，走上仕途。没过多久，他的军事才能就有了用武之地。在跟随大学士翟銮巡视边镇军事的途中，他把经过的山川地理、风俗民情、兵士多寡强弱等情况都认真记录下来，心思十分缜密。翟銮是个伯乐，回去后，他立刻向嘉靖帝举荐了杨博这匹千里马。从此，杨博开始全面负责明朝北部的边防事宜。

公元1554年秋天，蒙古人来犯，杨博带着部下奋力抗击，四天四夜不卸盔甲，面墙而睡。这场战争打得异常艰苦，蒙古人数次登上城墙，杨博带领的明军和敌人近身肉搏，有的甚至咬掉了敌人的手腕。经过殊死搏斗，终于把蒙古兵逼退。杨博抓住有利战机，乘势反攻，选出几百名战士组成敢死队，连夜火烧敌营，终于扭转战局，反败为胜。皇上非常高兴，晋升他为兵部尚书，加封太子少保。后来，为了堵绝蒙古人进山西的通路，杨博又在大同牛心山等地修缮了城堡、壕堑等边防设施。

杨博一生驻防边关40年，为护卫明代中期的北部边防立下了汗马功劳。最难能可贵的是，他在镇守边陲时，不仅善于整军备战，还非常体贴老百姓的疾苦。他关心当地的农业生产，注重水利建设，允许当地人民将开垦的土地占为己有，并且不向他们征税。其独到的见解都写入了军事著作《本兵疏议》一书。

杨博文韬武略，才能突出，嘉靖帝一直把他作为自己的左膀右臂，曾毫不掩饰地对别人说："自从杨博进了兵部，每逢边关有事，我必定要先和他谋划一番。"

杨继宗

天下只他不爱钱

明朝官吏贪污贿赂成风，然而淤泥之中却有青莲，阳城人杨继宗（1426—1488）官不大，却成为后世敬仰的刚正廉洁的好官，以至于当时掌权的太监汪直都承认，“天下不爱钱的，只有杨继宗一个人而已。”

1465年，杨继宗在富裕的嘉兴担任知府。一次，专门纠察官吏的监察御史孔儒来嘉兴清理军籍，对百姓十分严酷。杨继宗对此十分愤慨，张贴公告说：“谁被御史打死了，家属可以来知府上报。”孔儒见了很生气，杨继宗不卑不亢地说：“你身为御史，应该监察奸弊、奖惩官吏，底下百姓的事，是其他官员的事，轮不到你管。”杨继宗说的句句在理，孔儒无法反驳，但心里很恨他。离开嘉兴前，孔儒给杨继宗来了个突然袭击，想找些他贪赃枉法的证据，冲入府衙，打开杨继宗锁着的箱子，却发现里面只有几件破旧的衣服而已。

杨继宗不畏权贵，是因为他行得正坐得端，清正廉洁，没有小辫子给人抓。他前往嘉兴上任时，只带了一个仆人，任期到了，离开时，带的还是那名仆人。当时宦官横行，有个叫秦品的宦官路过嘉兴，想趁机捞点好处，杨继宗给他送了些菱藕、历书，秦品不要，只要金银财宝，杨继宗就发公函取出国库的金子，说："金钱都在这儿，但是你得给我打个收据。"吓得秦品不敢接受。

杨继宗对贪官深恶痛绝，但对百姓却十分慈爱宽厚。在浙江按察使任上时，有十几名仓库管理员因为保管粮食出现亏损被关进监狱，甚至被迫卖儿卖女来偿还。杨继宗对这事很上心，到了发每月的钱粮时，他特意称了一下自己的，结果发现比实际的多，其他官员的也是这样，原来这就是仓库粮食变少的原因啊！杨继宗决定把官员俸粮大于定额的情况上报朝廷。官员们都很害怕，一起去见杨继宗，宁愿捐出自己的俸粮替仓库管理员偿还亏空。于是，那十几个人被无罪释放。

杨继宗善良廉洁，无欲则刚，即使位高权重的贪官也对他肃然起敬，不敢轻易冒犯。至今，阳城还流传着杨继宗智斗权奸的故事。

王国光

他走到哪儿，就把改革带到哪儿

在今山西阳城、沁水一带，至今流传着王国光的传奇故事、口头民谚。作为明代的财政家，“万历中兴”的改革家，王国光名声显赫，权倾一时。

王国光（1512—1594），泽州阳城（今山西阳城县）人。他历经明朝世宗、穆宗、神宗三位皇帝，在政治舞台上活跃40多年，是一位成功的政治家。王国光进入官场的时候，明王朝已走向没落，政治腐败，官场倾轧，经济衰退，民不聊生。1544年，刚中了进士的王国光前往吴江担任知县。到任的第一天，他就在衙门前竖起一块石碑，上面刻着“山西王国光，初任到吴江，若受一文钱，客死不还乡”，以此自律，接受百姓的监督。之后王国光又相继在多地做知县，不管是在鱼米之乡还是贫困地区，他都保持着清廉本色，锐意改革，兴利除弊，为民解困。

但是他官运坎坷，几起几落，仕途充满了戏剧性。从兵部到户部，从刑部到吏部，几乎国家各个重要的部门他都担任过要职。王国光一生最辉煌的时候，莫过于做宰相张居正改革助手的那几年。1572年7月，王国光担任户部尚书，开启了他大刀阔斧进行改革的黄金时代。只用了短短4年时间，国家的财政状况就在他手里焕发了生机。他在改革实践中搜集、总结的资料汇编成《万历会计录》，后来成为明清两代田赋的准则。随后王国光去吏部，又对不合时宜的旧制度、旧秩序进行改革。据说他记忆力超强，对全国各地知县的姓名如数家珍，只凭申报上来的一点材料，就能迅速判断出某个官员的政绩如何。

改革必然触动某些人的利益，王国光因此被人嫉恨。有人在皇帝面前弹劾他，说王国光挪用公款给自己盖房子，皇帝很生气，但念在他几十年来劳苦功高，没有深究，让他致仕回家了。70岁的王国光回到家乡后，也没有闲着，他用退休金兴学助教、建设乡里，被百姓传颂至今。

如今，阳城上庄村还保留有王国光故居，因其做过的吏部尚书有“天官”之称，他的故居就被称为“天官王府”。每年正月十五闹红火，村里都要排演“天官回乡”的节目，怀念先贤王国光。

薛瑄
学者型官员的榜样

薛瑄（1389—1464），祖籍河津县南薛里（今万荣县里望乡平原村），出生在一个职业教育家庭。因为父亲担任儒学教谕，任期一满就要挪换地方，薛瑄便从小跟着四处迁徙，开阔眼界的同时，也有机会接触到全国其他地方的长者名儒，慢慢确立了自己的学术方向。30岁时，薛瑄还是一心向学，对当官不感兴趣。但是国家规定，教谕所在的县，如果长期无人考取举人、贡生，他就得被发配到边远地区服役，为了父亲着想，薛瑄只好开始准备考试，第二年中了乡试头名，第三年又考取进士。

薛瑄很快得到升迁，出任一个掌管银矿开采的肥缺。可几年后他回到北京，住的屋子不过是两间平房，东屋没有窗户，终年不见阳光。他连修窗户的钱都没有，儿子薛淳只好用废旧小车的车轮改装了一扇窗户。

太监王振登上明朝政治权力舞台后，极力拉拢薛瑄，但薛瑄丝毫不为所动，因此得罪了王振，被逮捕入狱，判了死罪。王振家有个老仆人，也是山西人，薛瑄被处斩前夕，在厨房里偷偷流泪。王振问他为什么哭，他说："听说我的同乡薛夫子要被处死了。"然后详细地给王振讲述了薛瑄的德行为人。王振听后，深受震动。同时，朝中有不少人极力为薛瑄开脱，薛瑄终于被免了死罪。

不管做官多久，薛瑄的认真严肃、刚直耿介始终不变。一次，因为一件冤案，薛瑄与王文起了争执。这个王文，就是当年在王振授意下弹劾薛瑄，导致他入狱的人，是薛瑄的死对头。这次两人狭路相逢，王文气鼓鼓地说："这老头还是和当年一样倔！"可最后案子了结，王文也觉得自己做得太过分了，开始对薛瑄产生了敬重之情。

68岁时，薛瑄终于进入统治集团核心，迎来他政治生涯的巅峰期。但他发现，当时的皇帝昏庸，奸臣胡作非为，自己年纪也大了，实在心有余而力不足，不如告老还乡，把余热发挥在教育人才上。

薛瑄从教8年后去世，墓葬在今天的万荣县平原村。1517年，明王朝准许薛瑄从祀孔庙，这是国家给予儒者的最高表彰。

麻　贵

援朝抗日不辱麻家将

麻贵（生卒年不详）出身于一个回族军人之家。麻家从军的有30多人，官职也都不低。麻家人世代守卫明朝的北部边疆，长期抗击游牧民族侵扰。明代皇室为表彰麻家的功勋，在其家乡右卫城（今山西右玉县）设立牌坊，麻家战士战死后，大都魂归故里，墓葬敕赐建碑，配享石人、石马、石羊、龙头大碑等荣耀。

麻贵的父亲麻禄和哥哥麻锦，都是在抗击蒙古俺答侵犯的战争中立功升迁的。青年时代的麻贵，弓马娴熟，武艺高强，从军后，他追随父兄的功业，也因为屡立战功而不断得到升迁。1558年春天，蒙古俺答又带着部队来围攻大同右卫，麻禄抱着与城池共存亡的坚强决心，死守4个月，最后取得了胜利。在这次守卫战中，有些将吏因贪生怕死而临阵脱逃，只有麻贵和哥哥麻锦骁勇善战，受到了奖励。

慢慢地，麻贵在朝中的名声越来越大，很多官员都说，他是一个能干的将领，很会用兵打仗。1592年，宁夏副总兵孛拜突然起兵造反。朝廷派麻贵去把这件事摆平，经过半年多的苦战，宁夏的叛乱终于被平息，麻贵也因功绩显著被升了职。

麻贵被誉为“百战百胜之将”，但一生中最值得称道的，是他在抗日援朝战争中的表现。1597年，日本宰相丰臣秀吉倾举国之力，发动了侵朝战争。唇亡必定齿寒，明朝政府任命麻贵为备倭总兵官，带领军队赴朝鲜作战。麻贵到达朝鲜国都王京（今汉城）后，日军15万人已快速逼来，情况十分危急。麻贵审时度势，立即派遣副将与朝鲜军队一起击败敌军，日军第二司令官加藤清正退守蔚山。很快，明政府任命的平倭总督、经略杨镐先后赶到，三人商定兵分三路进击蔚山。但是，由于杨镐指挥失误，战争没有按照预定计划进行。关键时刻，又是麻贵带着战士们奋勇作战，大破日军。丰臣秀吉因为战事不利忧郁而死，日军开始军心不稳。麻贵乘胜追击，发起猛攻，彻底粉碎了日本侵朝的企图。

几年后，麻贵因病辞职，回到家乡右玉。虽然他不在朝了，但美名一直为人们所传颂。当时人们所说“东李西麻”，李指的是辽宁铁岭朝鲜族的李成梁、李如松、李如柏父子兄弟，麻指麻贵家族，李、麻两家都是少数民族，又都为国家抗击外侵，堪称一代佳话。

孙传庭

大明王朝维稳第一人

孙传庭（1593—1643）是个幸运的人。

他身材高大威猛，性格沉着坚定，而且足智多谋。1619年中进士之后，他先是做了河南永城县令，因为才干突出又被调到商丘。经过几次升迁，很快进入统治集团高层。

孙传庭是个很有个性的人。

前途一片光明的他，因为不满明朝大宦官魏忠贤专权，放弃官职，回了老家山西代县，一待就是八年。1636年，重返仕途不久的孙传庭主动请缨，自告奋勇去对付陕西农民军。要知道，他之前干的都是文职，也没什么沙场征战的资历，面对来势汹汹的农民起义军，别人都唯恐避之不及，他却积极凑了上去。

1636年三月孙传庭走马上任，七月就诛杀了当时起义军中势力最强的高迎祥，一战成名。从此，镇压明末农民军起义成了他一生最重要的目标和任务。

高迎祥死后，他的外甥李自成举起起义大旗，继续和明王朝斗争，很快与起义军克星孙传庭狭路相逢。1638年，孙传庭埋伏重兵大败李自成。李自成只带了18个人突围，侥幸逃走。经过这次战役，农民起义军元气大伤，陕西境内的武装斗争暂时偃旗息鼓，进入低潮。

从1619年中进士，到1643年兵败身亡的25年里，孙传庭从一个小小的知县逐步升到兵部尚书，统领七省军务，先后参与并主持了几十次对农民起义的镇压。不管是对起义军的联合围剿，还是单独行动，他都以其独有的多谋、果断，紧紧扼住了起义军想要壮大的咽喉。所以，正史中有“传庭死而明亡”的说法。

但是，因为与主和派杨嗣昌等人政见不一，孙传庭遭到诬告弹劾，被监禁了三年。等到朝廷再起用他的时候，农民起义军已渐成气候，形成燎原之势，已非孙传庭所能控制。1643年，孙传庭战死阵中，可是，因为尸体一直没找到，崇祯皇帝怀疑他的下落，最后都没对他进行追封。明朝最后的悍将，就这样湮没在战火硝烟中。

傅　山

思想巨匠，百艺皆通

傅山（1607—1684），历史上著名的思想家、书法家、医学家和诗人。

傅山家世代居住在大同，后来迁徙到忻州，到他曾祖父傅朝宣时，移居到太原阳曲（今太原尖草坪区）西村。明王朝灭亡的时候，傅山37岁，已经是一位颇有影响力的名士，在一些挽救危亡的举动失败后，绝望的傅山回到太原隐居起来，以明朝遗民自居，自称“太原人作太原侨”，抱着一种不合作的态度，不愿为新的王朝效命，直到77岁去世。其间，康熙曾授封他“内阁中书”的职务，他根本不予理会，阳曲知县奉命给他家门上悬挂“凤阁蒲轮”的匾额，他也很不客气地拒绝了。

傅山一生，在许多领域都创造出别人难以企及的成就，他工诗善画，被称为“清初第一写家”；他长于诗赋，风格倔强刚毅，是末世和乱世中的最强音；他博古通今，开启了清朝研究先秦诸子的道路；他还擅长医学，精通各科，尤其是妇科和儿科；他甚至还是武术家，山西代表性拳法形意拳的传播，就有他的功劳；在侍奉生病的母亲时，他发明出一种养生粥——“头脑”，现在还是太原人冬天最喜欢的早点。

傅山最值得称道的有两点，一是思想深邃有远见。他思考明朝的覆亡，将视野投向了整个中国历史王朝专制的弊病，认为君权才是万恶之源；一是气节高迈坚定。明亡后，傅山保持了崇高的民族气节，坚决不给清王朝做官，而是出家做了道士，因为明朝的国姓是朱，朱就是红，所以，他常穿大红道袍，别号朱衣道人，以示不忘故国。

中国凡是乱世，学术思想脱离了王朝政治的桎梏，反而会有长足的发展。在明末清初那个乱世，催生的就是傅山这样一些超越时代的思想巨匠。所以，梁启超才称傅山和顾炎武、黄宗羲、王夫之、李颙、颜元为“清初六大师”。

而今，太原城内外留下了许多傅山的文化遗迹，如他曾经坐诊的三桥街三和堂药店，居住过的傅家巷四号院，就读的三立书院（位于今半坡街）等等。岁月沧桑，傅山故居和牌坊等都已不存，只留地名。不过，1918年，三晋人士在杏花岭区东缉虎营（今山西省政协院内）建造了傅公祠，可供人们祭奠；建造于1990年的碑林公园，北园内有座傅山碑林，是目前中国第一个大型个人书法碑林。这里矗立着傅山有代表性的222通书法石碑，都是学者们费尽心血收集的傅山书法真迹刊刻而成；另外，还可以去傅山故里——今太原市尖草坪区西村的中华傅山园内，追随傅山走过的足迹，领略他在各个领域的巨大成就，感受他的精神世界。

阎若璩

打破砂锅问到底的考据学家

太原人阎若璩（1638—1704）出身于书香门第，家庭文化氛围很浓。他小时候资质不高，读书千百遍也记不住。可是他专心又刻苦，下午放学后同学们都回家了，他还在那儿用功，甚至把书一页页地拆开，背会一页烧一页，直到把一整本书都能背下来。就这样天天苦读，终于在15岁那年的一个冬夜，突然顿悟，豁然开朗，从此竟成了个聪明绝顶、过目不忘的大才子。

中国古代典籍中的《尚书》，相传是由孔子修订的。秦始皇焚书坑儒后，到了西汉，《尚书》只留下29篇，是用汉代通行的隶书抄写的，称为“今文尚书”。汉武帝时，从孔子家的墙里面发现了用战国文字抄写的“古文尚书”，后来在战火中遗失。到了东晋元帝的时候，有个叫梅赜的人，说自己有一部“古文尚书”和孔子第十一代孙孔安国的《尚书传》，一并献给了朝廷。

20岁时，阎若璩读“古文尚书”，觉得梅赜进献的这书很可疑，应该不是真的。其实，最晚从宋代开始，就有包括朱熹在内的不少学者相继提出了质疑，但都没有拿出实在的证据。而阎若璩考辨源流、引经据典，写出《尚书古文疏证》，把书里自相矛盾的地方一条一条地列举出来，一共找出128条证据，证明所谓的经典竟是假的。这件事在当时的学术界引起了很大的轰动，《尚书古文疏证》更被从事考据的学者奉为典范之作。

阎若璩一生治学严谨，他的儿子说，他读书的时候，不找到源头绝不罢休，经常因为一句话，翻十本书去找佐证，其他人都因此头晕目眩了，他自己还精神抖擞，目光如炬，废寝忘食，非得弄明白了才行。因为这种读书求甚解，打破砂锅问到底的精神，学者们都把阎若璩推举为“清代汉学第一人”。

于成龙

天下第一廉吏

于成龙（1617—1684），字北溟，清代山西永宁州（今山西吕梁市方山县）人，是清代著名廉吏，以其卓越的政绩和廉洁的一生，深得百姓爱戴。

44岁时，于成龙被派往广西罗城做县令。那里久经战乱，百废待兴。城内只有6户人家。于成龙晚上睡在关帝庙，还得枕着刀防身。但他没有被困难吓倒，砍了荆棘蒿草做县衙的门，搬来石头垒成办公桌，他深入田间地头，和农民闲话家常，了解大家的疾苦后，制定、采取了一系列兴利除弊的措施。几年后，罗城整个大变样，到处是麦田，牛羊满山跑，流落在外的人听说后都回来了，大家开垦荒地，重建家园。可于成龙晚上还是睡在县衙大堂上，饭也不好好吃。罗城百姓主动凑钱给他，让他买些柴米油盐，可都被他婉言谢绝了，“我一人吃饱全家不饿，这些东西你们拿去孝顺你们的父母吧，就和我接受了是一样的。”

在罗城做官7年，离任时，于成龙连路费都凑不齐。还是靠了一位会算卦的人一路热心资助，才勉强到了四川合州上任。他没想到，那里比罗城更艰苦。

康熙皇帝知道于成龙两袖清风，特意赏赐他千两白银。可于成龙一分也没花，全用在了赈济灾民身上。康熙知道后，感动地对官员们说，“如果你们都学成龙，还愁天下不太平吗？”

1682年，于成龙被提升为两江总督，前往江宁（今南京）上任。他赴任时只雇了一辆骡车，沿途不住官家的酒店，也没惊动任何人。到江宁那天，地方官员都跑到城外去迎接，可等到天黑也不见总督大人的仪仗队到来。大家正奇怪呢，才有人来报，说大人早已单车入府。

于成龙说，“贼也是百姓，百姓再无知，也不会乐于做贼，一定是被饥寒刑罚逼迫才不得不去做贼的。”他认为，责任全在政府。只有官员清心寡欲，实施德政，作风正派，政府才能清廉，百姓才会安居乐业。他是这么说的，也是这么做的——当官20多年，最后集军政大权于一身，可于成龙积蓄全无，连给母亲下葬的钱都没有。

于成龙病逝后，江宁男女老幼人人痛哭，每天到他灵堂前吊唁的人络绎不绝，有人还在自己家给他设了灵位，焚香祭祀。康熙帝破例亲自为其撰写碑文，这是对他廉洁奉公的表彰。

陈廷敬

康熙大帝眼里的完人

康熙大帝在位60年，清朝成为当时世界上幅员最辽阔、人口众多、经济最富庶的帝国，史称“康熙之治”。而作为康熙的辅弼良臣，陈廷敬不仅官至宰相，生前死后评价如一，更得到了康熙大帝的最高赞誉——宽大老成，几近完人。

陈廷敬（1639—1712）是清朝的汉人里官做得最成功的人之一，是当时杰出的政治家。他20岁进士及第，一生在朝为官，在六部中的五个部做过尚书（相当于现在的部长），最后官至文渊阁大学士兼吏部尚书。如今，在陈廷敬的家乡山西阳城县北留镇，有一座城堡式建筑群——皇城村，上有康熙皇帝亲笔书写的“午亭山村”匾额。布局井然的牌坊院落凝重深沉，寂然诉说着明清两朝陈氏一门九位中进士、六人入翰林院的显赫往事。

他还是了不起的文字学家和编辑家，他领导编修了《康熙字典》《佩文韵府》《明史》《大清一统志》等大型语言工具书和史志巨著，代表了当时的最高水平；他是高品位的诗人、文学家，康熙说他的诗“清雅醇厚”，后代有诗人评价陈廷敬有诗圣杜甫的风范；他还是一位音乐家，能作词谱曲，通晓音律，给康熙撰写了不少歌颂盛世的华美乐章。

陈廷敬画像

陈廷敬比康熙大15岁，两人若不是君臣身份，恐怕会成为一对忘年交。对于康熙的聪颖，陈廷敬在他写的书《午亭文编》里大为赞赏，而康熙对陈廷敬也赞誉有加，非常信任，以至于陈廷敬母亲去世，康熙都特派翰林院掌院学士带着茶酒去祭奠，而在此之前，清廷只对满族大臣有这样的恩赐，陈廷敬可以说是独享恩宠。

陈廷敬去世后，康熙非常痛心，不仅为他写了挽联，派三儿子率领文武百官一起去陈家祭奠，还把陈的儿子叫去，问山西有没有好的棺材板，当得知大多是柏木板时，康熙立即让人送去一具特制的紫桫板棺木。对于汉族臣子陈廷敬来说，能得到皇帝这样的倚重和爱戴，其高大形象、人格魅力可见一斑。

李毓秀

著作《弟子规》，影响几代人

教育的核心是培养健康的人格。俗话说，三岁看大，七岁看老。学前教育的重要性，自古以来就深受人们认可。有这么一本优秀的启蒙教育教材，打从问世起就广为流传，大受好评，成了老百姓对孩子思想、心灵和行为教育的教科书，甚至是成年人提升素质、端正品行的道德标准，这本书名为《弟子规》。

《弟子规》原名《训蒙文》，是清康熙年间山西绛州（今新绛县）秀才李毓秀写就的。后来，和李毓秀同时代的山西浮山县贾存仁对《训蒙文》做了一些修订，并将其改为现在的名字。

李毓秀(1647—1729）出生在一个比较富裕的家庭，从小衣食无忧。他曾经拜三晋名儒党成学习儒家经典20多年，后来中了秀才，也做了两年县丞（县令的助手）。他生性耿直，见清朝官场腐败，不愿同流合污，就辞官回家开了间私塾，名为“敦复斋”。在这里，他一边给学生代课，一边潜心著书，其中最有影响、跨越了时空界限的，还数《弟子规》。

在长期的教育实践中，李毓秀认识到，儿童是一张白纸，可以描画最新最美的图画，所以，他决定写一部通俗易懂、朗朗上口的启蒙读物，以孝悌、仁爱、勤谨、信义为核心，明确儿童在家外出、待人接物以及学习时应遵守的行为准则。

可以说，李毓秀在书中所写的内容都是最简单、最根本的人生态度。有现代的研究学者指出，《弟子规》的核心内容是倡导通过坚持修己爱人达到家庭和睦、社会和谐，是人生第一规，是做人的根本。人生在世，先做人，后做事。如果人人都能像李毓秀在书中所讲的那样，轻财仗义，孝敬父母，尊老爱幼，尊重人格，诚实守信，努力学习……那么世道人心将得到净化，家庭和睦、社会和谐指日可待。

雷履泰

晋商票号创始人

一纸汇票，汇通天下，在当时绝对是具有开创性、前瞻性的大事件。虽然唐代就有“飞钱”，宋、元、明、清民间也有汇兑，但是作为汇兑制度和专营汇兑的信用机构的形成，是从雷履泰创设票号开始的。

雷履泰（1770—1849）出生于平遥县细窑村一个农户家庭，在那个“万般皆下品，唯有读书高”的年代，他也曾勤奋读书，以为“书中自有黄金屋”，但父亲早早去世，家里太穷读不起书，只好去了平遥城当学徒做买卖。因为做事干练，被李箴视看中，做了平遥西裕成颜料庄总号掌柜。

那时候颜料庄在天津、汉口、重庆等地都有分公司，年终一结账，分公司的人都要托镖局往老家运钱，不光运费很高，而且风险大，常丢钱，所以有人把现金交给分号，请经理给总号写信说明一下，再让老家人从平遥总号取钱。这个办法安全保险，哪怕多付钱人们也愿意这样汇兑。雷履泰看出这是个商机，便在颜料生意之外兼营北京山西之间的商业汇兑业务，大赚了一笔。

1821年，雷履泰和李箴视一起创立了“日升昌”票号，随后又在全国各地设立了票号分公司，联络各处的晋商，招揽业务，这个城市交钱，那个城市取款，保持着良好的信誉度。

有一年，平遥日升昌票号门前，来了个讨饭的老婆婆。她拿着一张数额为12000两的日升昌张家口分号汇票，要兑成现钱。汇票签发的时间是1868年，距当时已经过去了30多年。老婆婆的丈夫早年去张家口做皮货生意，在日升昌分号汇款后，启程回家，结果病死在了路上。家里没了经济来源，老婆婆也沦为乞丐，前几天拿起丈夫生前留下的一件衣服，才从衣角摸到了这张汇票。了解事情的原委后，日升昌立刻给老婆婆兑换了银子。

这件事让日升昌名声大震，门庭若市，生意蒸蒸日上。日升昌也成了全国金融界的泰斗。

不过，作为一个新兴行业，既没有现成的规制，也没有成熟的模式，一切都要在成功和失败中慢慢摸索、创造。比如说汇票的防伪，这事放在今天也是个难题。当时采用的防伪技术，有密押、背书、微雕等办法。依靠着这些防伪技术，日升昌百年的历史中，竟没有发生一次被误领、冒领的现象。

1840年，雷履泰七十大寿。日升昌在总号修建纪念楼，将“拔乎其萃”金字大牌匾悬挂于楼中央，褒扬雷履泰首创票号的功绩。9年后，雷履泰去世。日升昌竞争力随后转衰，其在票号业的霸主地位也随之失去。

徐继畬

东方伽利略，开眼看世界

1998年6月29日，北京大学礼堂内，美国总统克林顿正在发表演讲。他说，在美国首任总统乔治·华盛顿的纪念碑上，刻着一段赞颂美利坚的话语：美利坚“不设王侯之号，不循世袭之规，公器付之公论，创古今未有之局，一何奇也。”克林顿告诉北大学子们，这话并非出自美国人之口，而是由中国人徐继畬所写。他说，这是“150年前中美两国关系沟通交往的见证”。

徐继畬是谁？一位普通的清廷官员，为何被美国人视为大清国“朋友”？他的话为什么被隆重地镌刻在纪念开国之父华盛顿的“圣碑”上？

徐继畬（1795—1873），山西五台县东冶镇人，出身于官宦之家，从小接受儒家教育，他的老师是当时有名的才子、续作《红楼梦》的高鹗。徐继畬前半生官运亨通，在“三年清知府，十万雪花银”的清朝官场里，他为官清廉，体恤民情，写了很多切中时弊的政治报告，颇受道光皇帝的赏识。但是，鸦片战争爆发后，徐继畬态度冷静理性，主张既严禁鸦片贸易，又要让殖民主义者找不到发动侵略战争的理由。这让同为“睁眼看世界”的强硬主战派林则徐很生气，认为他太软弱。因为两人的分歧，徐继畬最终被贬官。

不过，导致他最后被罢官的真正原因，是因为一部书。徐继畬从没出过国，却通过多方接触欧美人士，了解近代世界政治、经济、历史、地理等知识，用5年时间写出世界地理历史著作《瀛寰志略》，让长期处于封闭、混沌状态中的中国人，看见了全世界。但这也让当时愚昧无知、夜郎自大的守旧派大为惊恐，一时间朝野哗然，说他崇洋媚外，是乱臣贼子。

1868年3月29日，美国《纽约时报》刊登评论称，一位中国官员因写出世界地理专著《瀛寰志略》而被撤职，还被皇帝放逐了18年。评论中说徐继畬作为地理学家正直勇敢，将他盛赞为“东方伽利略”。

而在前一年，即将离任的美国驻华公使蒲安臣，代表美国政府把一副华盛顿像送给了徐继畬，并向他表达了敬意。后来，徐继畬病逝后，美国学者还称他为“世界公民”。

1876年，徐继畬去世三年后，郭嵩焘出使国外，亲自印证了《瀛寰志略》对世界的真实描述。他感慨地说，“徐先生没来过西方，书中所写却全都属实，而且早了我二十多年，他的眼界真是高人一等啊！”

栗毓美

清代大禹，治河名臣

道光皇帝在位期间，黄河屡发大水。但是，连续几任河道总督都把事情办砸了。道光皇帝很生气，把两任河道总督革职、流放。河道总督这活儿不好干啊！干得好青史留名，干得不好这辈子再别想翻身。在这种情形之下，道光十五年（1835），栗毓美（1778—1840）站在河南境内黄河两岸的大堤上，开始了他任期5年的河南山东河道总督工作。

浑源人栗毓美上任后，先去黄河南北岸调查走访。他发现，每次黄河发大水，都会对支流沁河形成倒灌，如果黄河、沁河同时发大水，倒灌口就会无法控制，河堤决口，严重威胁河南以北的地区。栗毓美想出一个办法，从老百姓那里买了大量的砖块，组织大家向河里扔砖，建成几十个“砖坝”。砖坝刚建成，就来了一场暴风雨，其他的支流小河都决堤了，而有砖坝的大堤却安然无事。

清代黄河工程耗资巨大，历任河工官员都会从中捞取不少好处，如今栗毓美的“抛砖筑坝”触动了某些人的利益，因此遭到很多反对。但道光皇帝是个节俭的人，看到栗毓美的办法能节省开支，而且对治水十分有效，所以批准了他烧砖修堤的建议。

河砖每块重20斤左右，椭圆形，中间有圆孔，可以用绳子穿起来，方便抛修，还可以用来砌筑坝体。这种方法一直用到1949年新中国成立。

栗毓美十分清廉，禁止铺张浪费，带着下属们兢兢业业，致力于河道事业。他心里有一张治水图，河道的曲直高低，河水的宽窄深浅，河流的流速快慢，都烂熟于心。一旦水患发生，他都会站在泥淖中，不顾风吹雨打，亲自指挥抢险。他在任5年，河南、山东等地黄河一带很少发生水灾。

1840年，栗毓美巡查河道工程时，在胡家屯工地病逝，享年63岁。栗毓美的墓地建在家乡浑源县东南二里处，这座全部用巨型汉白玉构件雕刻的陵墓，规模可观，是清陵石刻中的精品和瑰宝，成为流传后世的珍贵文物。陵园中，保存着道光皇帝和栗毓美生前好友林则徐所写祭文的碑刻。浑源人将这座陵墓称为“栗家坟”，又称呼栗毓美为“栗大人”，每逢清明时节，当地人都要去祭拜、悼念，深刻地怀念这位清正廉明、为百姓治理水患的清代大禹。

祁寯藻

一代书家，三朝帝师

一生经历四位皇帝，其中三位见了他称“先生”；为官46年，官至体仁阁大学士、首席军机大臣，一人之下，万人之上，是清朝山西籍官员中官做得最高、时间最长的；在政治、经济、军事等方面都有自己的见解和主张，而且多数都会被皇帝采纳，有“半副銮驾”“爱民相国”的美誉；他学识渊博，精通训诂，是晚清诗坛的主持者，还是书法大家，楷书写得最妙。他就是祁寯藻（1793—1866），来自晚清山西著名的文化世家“北祁”——寿阳祁氏家族。这个家族，有“一门五进士，三代四翰林”的美称。

祁寯藻是著名史地学家祁韵士的第五个孩子。有良好的家庭教育环境，加上天生聪明、刻苦奋发，祁寯藻22岁参加科考，中了榜眼，从此踏上仕途。

学海无涯，皇帝也要天天读书。南书房就是康熙皇帝为此设立的一个机构，在这里工作的翰林负责给皇帝讲解经史，答疑解惑，君臣一起学习，还要协助皇帝决策国事。从道光皇帝开始，祁寯藻就在南书房工作，道光、咸丰、同治，三位皇帝都受教于他，尤其对同治皇帝，祁寯藻更是有一套自己的教学方法，立志要把他培养成一位明君。

作为三位皇帝的近臣，祁寯藻以他的忠心和清廉获得了皇帝们的信任、尊敬和重用。他的官位不断升迁，即使在咸丰皇帝起用与祁寯藻政见不和的满族贵族期间，也只是把他军机大臣的排名从首席换到了第二位。但祁寯藻眼里不揉沙子，在咸丰四年（1854）坚决辞掉官职，在家待了6年。

祁寯藻有一位惺惺相惜的好友林则徐，鼎鼎大名的禁烟英雄。传说林则徐被罢官后，祁寯藻不避嫌疑，画了“鹤立鸡群”去看他。林则徐知道祁的用意，在“鹤立鸡群”四个字后面补写了“出头难”，祁寯藻又续写了“终有开天日”，林则徐接着写“豆在釜中相煎易，断无生根地。”祁寯藻看后，将“生根地”改成了“灭人路”。于是，两人写成了这副对联：“豆在釜中相煎易，断无灭人路；鹤立鸡群出头难，终有开天日。”

如今，山西寿阳建立了祁寯藻纪念馆，将这位集政治家、艺术家于一身的晚清重臣的生平、学术、文物、字画，还有他用过的一些物品进行了展出，供后人纪念、怀想、学习。

杨深秀

愿为变法流鲜血，不做儒生啃故纸

谁人不爱惜自己的生命？可是杨深秀这个手无寸铁的文弱书生，满怀一腔报国热忱，为国家为民族抛头颅，义无反顾。

杨深秀（1849—1898），山西闻喜人，进士出身，精通中西数学。1876年至1878年，北方多省出现大旱灾，山西灾情尤其严重。在京城做官的山西籍官员们，纷纷慷慨解囊，赈济家乡父老。还有很多人请假回了山西，探视家人或者加入赈灾的行列。杨深秀就在1878年放弃了科举考试，回到家乡，用自己的名气和声望，动员大家有钱的出钱，有力的出力，众志成城，共同抗灾。

杨深秀祖上也算殷实，后来家道中落，但他父亲满腹经纶，母亲又知书达理，杨深秀从小耳濡目染，十分好学上进。只可惜父母早早去世，这让杨深秀懂得了人情冷暖，更加刻苦读书，学业扎实，知识广博，在当地非常有名。1879年，山西度过灾荒年后，全省开始修订各县的县志。杨深秀就在这时受闻喜县令的邀请，主持《闻喜县志》的修订。后来，又受山西通志局的邀请，去省城太原分纂《山西通志》。这部省志的纂修前后历经了13年。修订好后，好评如潮，被认为是“明清两代山西最后也是最好的一部通志”。

那时候学生们参加科考，要缴纳名目多样的费用，当时人称“公堂礼”。作为读书人，杨深秀对这些巧立名目的收费感受至深，恨之入骨。1882年，借着山西新来的巡抚张之洞改革教育的机会，杨深秀建议免除“公堂礼”，得到了积极的回应。这件事办得漂亮，赢得了很多人的真心拥护和爱戴，也被刻在石碑上留作纪念，至今还被完好地保存着。

虽说是大家公认的儒士，但杨深秀并不是一个思想腐朽的封建士大夫，他身在风雨飘摇的旧王朝，心系民族的苦难，思路开阔，思想开通，勇于接受新生事物，对维新变法积极接纳，和康有为、梁启超等人关系密切，志同道合。但不幸的是，变法刚进行了103天，他们寄托希望的光绪皇帝就被慈禧太后等旧势力控制。杨深秀知道自己身处险境，还敢公开批评慈禧太后的做法。1898年9月28日，北京宣武门外骡马市大街菜市口，49岁的杨深秀从容就义，和他一起为变法维新付出生命代价的还有五位志士，世称“戊戌六君子”。

作为六君子之首的杨深秀，虽然没有谭嗣同那么出名，但他为救国而从容就义的轰轰烈烈，不惜用生命去唤醒国人的精神，为三晋大地留下了浓墨重彩的一笔。

民国到新中国成立后

阎锡山

曾经的土皇帝，复杂的多面体

民国时期的山西，最重要的人物是阎锡山（1883—1960）。从1911年辛亥起义后担任山西都督开始，到1949年抛下部属仓皇逃离，38年间，作为民国掌权时间最长的地方统治者，山西许多重要的事情，背后都有阎锡山的影子。

阎锡山重视经济发展，当时山西的机器制造业和兵工业在全国名列前茅，建成了太原兵工厂，修筑同蒲铁路，整顿山西省银行，社会改造也颇有成效，被称为“模范省”，但他用严密和残酷的手段进行管理，无辜罹难者数以万计；他渴求人才，一方面创办学校，四处招揽人才，但另一方面，又任人唯亲，爱才却不能用才，器量格局不免偏狭，所以像傅作义、徐永昌等名将最后都离他而去；他留过学，不是个纯粹的旧官僚，也赞赏民主制度，但治人还是靠部下对他的忠诚，并且利用民族革命同志会、铁军等组织加强个人崇拜；他尽力让山西强盛，但最看重的却是个人的权势得失；抗日战争时期，与八路军摩擦，还与日寇虚与委蛇……

武昌起义当晚，身为清军协统的他，带兵在巡抚衙门二里外的校场树林观望，但后来却一直以首义功臣自居。有人评论说，如果事情顺利，他就跟着起义，如果事情砸了，他就顺便平叛，真是左右逢源。起义后，他对孙中山非常尊敬，孙中山也很赏识他，但为了山西都督的位置，他不敢对抗袁世凯的压力，在定都南京还是北京的原则性问题上，是革命党中第一个支持袁的人，为表示顺服，甚至将自己父亲送往北京做人质，让革命党深感受伤……

傅作义

民国最擅守城的将军

历史上的名将，都可用“攻必克、战必胜”来形容，但单纯以擅长守城而知名的却不多。不过，山西荣河县安昌村（今属临猗县）人、国民党一级陆军上将傅作义可算一位。

傅作义（1894—1974）生于一个殷实的农家，1918年从保定军官学校毕业，开始了长达30年的戎马生涯。在晋绥军中，傅作义军事技能娴熟，曾在全省比赛中拿过数项第一，兼之以身作则，体贴部下，1924年直奉战争爆发时，已升任团长。1928年直奉联军联合晋军攻打冯玉祥的国民军，国民军失利往西北撤退，傅作义率部驻守必经之路天镇，国民军三个月也未攻下来，初步显露了守城才能。

1927年阎锡山放弃与奉军的联合，接受国民政府改编。1928年10月，已升任师长的傅作义奔袭涿州，一战而克，但晋军其余部队未能配合，涿州竟成孤城，然而傅作义一守就是百天，后得到阎锡山命令才停战议和。涿州之战是我国近代军事史上城市攻防战中著名一役。傅作义擅守得到军事界的公认，一举成名。

傅作义守城最著名的战役是抗日战争时期的太原保卫战。当时，日寇气焰方炽，太原肯定守不住，晋军将领都没什么信心，但傅作义却拿出了非一般的勇气和决心，说“弃土莫如守土光荣，太原城我守”。日寇突入城中后，他还坚持巷战，掩护了兄弟部队撤退，也重创了日寇，使之很长一段时间无力南侵。

傅作义治军借鉴八路军经验，在自己部队中请了不少延安来的工作人员,这让阎锡山心生猜忌,说他的部队是“七路半”（意为仅比八路军少一点儿）。于是蒋介石趁机挖墙脚，任命傅作义为第八战区副司令长官兼第二战区北路军司令,傅作义就此脱离了阎锡山。

抗日战争中，傅作义指挥了包括五原大捷在内的大小战役290余次，成为威名卓著的抗日名将。

解放战争时期，傅作义被任命为华北“剿总”司令，但这位擅守的将军，毅然率部起义，使得北京这座千年的历史文化名城免遭炮火涂炭，毛泽东说，应该给傅作义颁发一个“天坛那么大的奖章”。

新中国成立后，傅作义担任新中国第一任水利部部长长达23年，是我国水利事业的奠基人。

徐永昌

代表中国接受日军投降

1945年9月2日，东京湾。

美、中、英、苏等九国代表齐集停泊在这里的美军密苏里号军舰上，他们正在举行一个重要的活动——日本将向所有交战国签字确认正式投降。

代表中国出席的是陆军一级上将、国民党军委会军令部部长徐永昌（1887—1959），他是山西崞县（今原平）人。

清末时，徐永昌就读于清政府武卫左军随营学堂，辛亥革命时，他还是清军的一员。后来就读于陆军大学，毕业后加入直系军队。1927年，徐永昌正式率部投了晋绥军。他威名素著，深受阎锡山的赏识，中原大战中，晋绥军的总指挥就是徐永昌。

中原大战后，阎锡山虽然失败了，但全靠徐永昌未雨绸缪，部队才得以保全。而且，在阎下野、退避大连期间，徐永昌受命主持晋绥两省。

当时几乎所有的旧部都劝他趁此良机自立，但他坚持不肯，反而劝大家“跟上人家好好做事”。在面见蒋介石时，还不停地为阎锡山讲话，说他得军心、得人望、肯花钱办事，又清廉。徐永昌不落井下石的厚道，可见一斑。

抗战期间，徐永昌任军令部长，与军政部长何应钦、军训部长白崇禧、政治部长陈诚并称为军委会四大巨头。接受日军投降归来后，徐永昌因病辞职。后来解放战争战局不利时，还代何应钦短暂出任过国防部长。

1959年，72岁的徐永昌在台北寓所去世，国民党要人无不前往吊唁，蒋介石送匾额“怆怀良辅”，阎锡山送挽联，还在祭文中说“念自缔交以来，推心置腹，始终无间”——能让多疑且圆滑的阎锡山说这番话，足见徐永昌的为人了。

孔祥熙

民国财神爷

民国年间有一句俗谚，“蒋家天下陈家党，宋氏姐妹孔家财”，孔，指的是孔祥熙，蒋介石的姐夫，曾主管国民党政府财政长达11年，是民国赫赫有名的“财神爷”。

孔祥熙（1880—1967）出身于山西太谷一个亦儒亦商的家庭，儿时生了一场大病，因为被传教士治好，所以入了教会学校读书，还受洗礼做了基督徒。1907年进入耶鲁大学，获理化硕士学位，立志要“提倡教育，兴办实业”。回国后他报着服务桑梓的愿望，创办铭贤学校，引进先进的教育理念、教材，培养了不少新式人才。辛亥革命爆发时，孔祥熙应士绅请求出面维持地方治安，避免了太谷被溃兵骚扰，还组织敢死队去娘子关与清军作战。

1914年二次革命失败后，孔祥熙东渡日本，担任东京中华留日基督教青年会总干事，顺便为孙中山重组的中华革命党筹措经费，并处理孙中山的文书函电。就在那时，他结识了孙中山的英文秘书宋霭龄，两人一见倾心，结为夫妇。回国后，他开商号、办银行，生意越做越大。

孔祥熙在政治上的发迹，开始于北伐后。他受命成为广东省财政厅长兼理后方财政事务，从此成为政界要人。北伐成功后，历任工商部长、实业部长、中央银行总裁等。

1933年，宋子文不满蒋介石不顾民生扩充军备，和蒋大吵了一架，随

山西人民出版社图书《雏凤哀鸿孔祥熙》

即辞去财政部长。孔祥熙接任后，为改革币值，调整金融，发展经济，支撑抗日财政都做出了很大贡献。不过，也没忘记给自己捞钱——让美国人都看不下去了，强烈要求孔祥熙辞职。民间亦对其亦官亦商，利用权力进行投机并大肆发展私人资本的行为不满。1944年，傅斯年于参政会上向时任行政院副院长的孔祥熙发难，揭发其不正常的敛财手段。不久，孔即被免去财政部部长之职。后又辞去行政院副院长及中央银行总裁。并于1947年赴美定居，1967年病逝于美国纽约。

高君宇

干革命轰轰烈烈，谈爱情至死不渝

我是宝剑，我是火花。
我愿生如闪电之耀亮，
我愿死如彗星之迅忽。

——德国诗人海涅的这几句诗，是高君宇生前最喜欢的。而高君宇29年短暂的一生，恰恰印证了这壮丽的诗句。

高君宇（1896—1925）原名高尚德，1896年出生于山西静乐县（今属娄烦县）。1916年，高君宇考入北京大学，在那里接受了新思想的启蒙教育，并在恩师李大钊的带领和教诲下，学习研究马克思主义理论和十月革命的经验，寻求改造中国社会的方法和道路。1920年10月，李大钊在北京建立共产主义小组，高君宇是首批成员之一，也是山西第一个共产党人。

他是五四运动的健将，带领学生痛打章宗祥，火烧赵家楼；他是传播马列主义的无产阶级战士，在报刊上撰写宣传文章，奔走在城市、农村和工厂中讲演，为劳苦大众传播革命的知识和真理；他还是山西共产主

高君宇故居纪念馆　梁　铭 / 摄影

义启蒙运动的先驱和卓越的政治活动家，太原的共产党、共（社）青团是在他的联系和指导下建立起来的。

高君宇在干革命的同时，也收获了娇美的爱情之花。同为山西老乡的平定人石评梅，是20世纪20年代蜚声文坛的散文家，两人因共同的爱好和理想倾心相爱、互相敬慕，却因身处黑暗社会而身不由己，最后高君宇因急性阑尾炎术后感染不幸去世，他们刚刚绽开的爱情花朵也随之凋零。

高君宇去世3年后，石评梅也因忧伤成疾，病逝于北京。按照她的遗愿，亲朋好友将她安葬在陶然亭高君宇墓旁，“生前未能相依共处，愿死后得并葬荒丘。”后人将其称为“高石之墓”，安静肃穆，默默见证着他们的革命与爱情。

贺　昌

中共党史上最年轻的中央委员

鲁迅先生有个著名的比喻，说20世纪初的中国社会就像一间铁屋，没有窗户，很难被摧毁，而众多熟睡的劳苦大众不久就要被闷死。只有少数的几个人清醒过来，奋力呐喊，想方设法砸破铁屋，帮助大家逃出去。贺昌就是这少数先驱者中的一人。

先驱要有屡败屡战的勇气，愈挫愈勇的斗志，还要有卓越的领导能力，强劲的号召力，才能带领众人冲破藩篱，到达光明的彼岸。贺昌（1906—1935）出生在山西离石县柳林镇（今柳林县），从小就立下壮志要救国救民，“大丈夫不做岳飞死，也当做班超名震天下！”1919年底，他随父亲来到太原，考入山西省立一中。在这里，他不仅发愤读书，还结识了进步青年王振翼，通过王，又认识了山西最早的革命者高君宇，从此走上共产主义的道路。1921年5月1日，太原社会主义青年团成立，贺昌成为首批团员。

他是学生运动的领袖、工人运动的带头人。1921年5月4日，贺昌和王振翼等人利用课余时间，把高君宇带来的《共产党宣言》印刷了2000份。当晚就将这些资料分发到工厂、学校。这是《共产党宣言》在太原的第一次广泛传播。当年9月，他以股东身份集资创办了晋华书社，推销《共产党宣言》《〈资本论〉入门》及《中国青年》《先驱》等进步书刊。晋华书社也成为山西宣传马克思列宁主义的重要阵地。贺昌还成功领导省立一中学潮，驱逐了反动校长魏日靖，大大推动了太原革命青年运动的发展。1922年，中国劳动组合书记部发动正太铁路全线罢工，要求加薪、8小时工作制等工人权利，贺昌领导太原铁路工人奋起响应，并获得了成功。团中央曾高度评价，贺昌领导下的太原团组织，是唯一与团中央密切联系的地方组织。

1923年，贺昌加入中国共产党，调离生活了3年的太原，开启他职业革命家的生涯。他先后担任中共中央南方局宣传部长、中共广东省委书记、中共中央北方局书记、中共顺直省委书记、中国工农红军第五军政委、红三军团政治部主任、中国工农红军总政治部副主任、代理主任。其间，还参加和领导了上海工人的三次武装起义、南昌起义和广州起义。

1927年召开的中共第五次全国代表大会上，年仅21岁的贺昌当选为中央委员，是中共党史上最年轻的中央委员。1934年10月，中央主力红军长征后，他奉命留在中央革命根据地领导红军和游击队坚持斗争。一年后的3月10日，贺昌率领部队突围时，在江西会昌河畔遭遇伏击，壮烈牺牲，年仅29岁。

彭　真
社会主义法制奠基人

彭真（1902—1997），一个与中国革命史同行的人。

从1923年加入中国共产党，投身革命，彭真参加了党领导的各个阶段的重要斗争，直到新中国成立后，他提出社会主义法治一系列指导思想和理论，是我国社会主义法制的奠基人。

太原市文瀛湖畔的中共太原支部旧址纪念馆，是山西省立第一中学旧址，是山西第一个党组织——中共太原支部成立的地方，也是彭真走上革命道路的起点。1902年10月12日，彭真出生于山西曲沃，父母为他取名傅懋恭。1937年，他为自己改名为彭真。他1923年加入中国社会主义青年团，同年加入中国共产党，是山西省共产党组织的创建人之一。

彭真多次在太原、石家庄、天津、唐山等地组织领导工人运动、学生运动，是中共在北方地区的主要领导人之一。1929年，被叛徒出卖，彭真被捕入狱达6年多。其间他多次以绝食抗争，为狱友们争取各种权利，还在狱中秘密组织党支部，宣传马列主义。抗日战争爆发后，他参与部署党在北方地区开展游击战争、创建抗日根据地的工作。新中国成立后，彭真长期担任党和国家的领导职务，兼任中共北京市委书记，1951年后又兼任北京市市长，使得北京在很短的时间内恢复了生机与活力。

彭真秉持法治的观点。在第一届全国人大期间，他领导人大常委会制定了一系列重要的法律法令，大大推进了我国社会主义法制建设进程。

刑法是国家的基本法之一，也是起草工作量最大、最复杂的一部法律。我国第一部刑法的诞生可谓一波三折。1954年开始起草，到1963年写出第33稿，但因“文革”被搁置，在文件箱里一睡就是15年。直到1979年，彭真平反后，又做了几次修改，才在当年7月，全国人大审议通过了这部刑法，并决定自1980年1月1日起施行。从此，中国的立法工作进入新阶段。

在当时，中共几位元老中，彭真年龄最大但却生命力最旺盛，无论是战争年代还是和平时代，他从来都不忘养身之道。据说他一直保持着山西农村的饮食习惯，而且不抽烟、不嗜酒，认为粗茶淡饭最有利于长寿。

徐向前

布衣元帅，本色不改

1955年9月，中国人民解放军历史上第一次授衔。综合德、才、功、资各方面因素，确定佩戴元帅军衔者10人，其中第八位是山西五台人徐向前。

徐向前（1901—1990）出生在五台县永安村一个贫寒家庭，父亲以教书为生，给他取名“象谦”。1927年“四一二”反革命政变后，革命转入低潮，许多人心情灰暗、失落，甚至退党离开革命队伍，徐向前却在当年3月加入中国共产党，还为自己改了名，表达对革命坚定的信心和勇气。

1924年徐向前南下，考入黄埔军校，成为第一期学员。1931年，红四军发展为红四方面军，徐向前任总指挥。抗日战争开始后，徐向前任129师副师长，率部先后在晋东南、冀南等地开展抗日游击战争。

解放战争中，徐向前负责山西战场，他率领以地方部队为主体的华北野战军第一兵团，相继发起运城、临汾、晋中、太原等战役，连克强敌，解放了山西全境。尤其是在解放临汾的战役中，八纵二十三旅打了一场我军历史上罕见的攻坚战，徐向前报请中共中央批准，命名该旅为“临汾旅”。新中国成立后，徐向前出任解放军总参谋长，长期担任中央军委副主席、军委委员等职。“文革”后，还出任过国防部长。

这样一位元帅，生活却十分简朴，没有官气。他一生不讲究吃穿，说山西话，吃山西饭，会缝补衣服、织毛衣，给人的印象十分朴实。他爱养动物，长征时，骑马挎枪的他，马背上还有一只猴子。这只猴子在长征中陪他走了很久，也给战士们增添了不少乐趣。

徐向前喜欢听戏，也喜欢唱戏，尤其爱唱晋剧、粤剧，和晋剧须生果

徐向前故居　梁　铭 / 摄影

子红、粤剧名家红线女都是好朋友。据说他还会弹扬琴、拉二胡，对摄影艺术也很在行，不仅喜欢拍照片，还动手布置暗房，配显影液、定影液，很多早期珍贵的照片，都是他自己拍摄、放大、洗印的。

薄一波
定襄才子创立山西新军

1936年，日寇侵华脚步加快，蒋介石又一直想派遣中央军入晋，身处双重压力下的阎锡山，想出了一个自认为得意的妙计，邀请比他小25岁的共产党员、素有才子之名的山西老乡薄一波（1908—2007）回来“共商保晋大业”。

薄一波起初并不愿意和这个通缉过他两次的大军阀共事，但当时中共中央北方局负责人刘少奇劝他别放弃这个机会，回山西可以和阎锡山建立统一战线，并发展共产党的力量。

当年11月，薄一波回到山西后，组成中共山西公开工作委员会，改组了山西牺牲救国同盟会，立刻改变了山西死气沉沉的局面。在他的领导下，牺盟会发动群众，培养干部，编练新军，到了1939年，牺盟会会员已经达到300万人，山西青年抗战决死队也成为抗日战争时期我党领导下一支重要的武装力量。毛泽东曾高度评价薄一波的成绩，认为这是中共统一战线政策一个成功的例证，而且实现了把山西作为抗战战略支点的意图。

做出这一番事业的薄一波，当时还不到30岁。

薄一波1908年出生在山西定襄蒋村，从学生时代起开始接受五四运动新思想和马列主义的影响，1925年加入中国共产主义青年团，同年转为中共党员，领导组织党的地下活动。1931年因叛徒出卖被捕，关押在北京草岚子监狱，直到1936年被营救出狱，才接受任务回到山西。

抗战胜利乃至新中国成立后，薄一波一直是我国经济领域的主要领导人，中国经济建设的成就背后有他不可磨灭的贡献。

刘胡兰

花样少女为革命看轻生死

在中国共产党女烈士中，刘胡兰是年龄最小的一个。她14岁成为中共候补党员，15岁被叛徒出卖，死在国民党的铡刀下。

刘胡兰（1932—1947），山西文水县云周西村人。原名刘富兰，后来继母将她名字中的“富”改成自己的姓“胡”，给她改名刘胡兰。

刘胡兰10岁就参加了儿童团，是村里的儿童团团长，经常带着小伙伴站岗放哨、侦察敌情，甚至运送武器弹药。13岁那年，她一个人跑到贯家堡村参加妇女培训班，学习革命知识。结业回村后，担任村妇救会秘书。1946年春天，县里下了纺棉花的任务，小刘胡兰带着妇女们白天黑夜把活儿干，提前完成任务，得了全县第一名。夏天到来的时候，作为中共预备党员，她被调回村里领导土改运动。

刘胡兰牺牲的前一年年初，家里按照旧风俗，给她和邻村的男青年订下了亲事。但是，时代不同了，接受了新思想的刘胡兰，主张自由恋爱，反对包办婚姻，于是她和男青年说定，各自劝说父母解除婚约。

云周西村村长石佩怀是个反动人物，经常给国民党阎锡山军队递送情报，1946年12月，刘胡兰配合武工队员把他杀了。敌人知道后很生气，

刘胡兰塑像　梁　铭 / 摄影

频繁袭击云周西村，还逮捕了几名共产党员。见形势危险，家人劝刘胡兰去山上避一避，她却说，走不走要等上级的通知。谁知1947年元旦刚过，还没来得及走，刘胡兰就被叛徒出卖了。反动派问她：“你就不怕死？”她小小年纪却大义凛然：“怕死不当共产党！”为了让她屈服，反动派当着她的面铡死了6位革命群众。但刘胡兰已经把生死置之度外，从容躺在了铡刀下，鲜血染红了她的头巾。

刘胡兰的一生虽然短暂，却用鲜血在历史上写下凝重的一笔，毛泽东为她亲笔题词：“生得伟大，死得光荣。”

赵树理

我为农民代言

中国是个农业大国，农民在几千年里一直是国民主体，但可惜的是，农民历来都以群体面貌出现，他们是背景，是沉默的大多数，是文人们需要抒发忧国忧民情怀时的道具。现代作家中真正肯写农民，也懂农民的，一个是鲁迅，一个是赵树理。不过，与鲁迅先生将对农民的爱深藏于批判之中不同，赵树理总是对农民抱以最大的温情和理解——因为，赵树理认为自己就是农民。

赵树理（1906—1970）出生于沁水县尉迟村一个农民家庭，19岁考入长治山西省立第四师范，走上文学道路。那时的他，为“五四”后文坛的风气所影响，写作上有明显的欧化风格。1937年加入中国共产党并投身抗日工作后，开始创作反映农村和农民生活的小说。

1943年，他描写农村青年男女突破束缚追求爱情的《小二黑结婚》写作完成，刚开始还不被编辑所欣赏，但送交彭德怀后，极少在文艺问题上发言的他亲自为这本书题词“像这种从群众调查研究中写出来的通俗故事还不多见”，周扬也说，赵树理是“一位具有新颖独创的大众风格的人民艺术家”。

赵树理从此一炮而红，红遍了整个解放区。据说仅太行区首印1万册，立刻被抢购一空。之后创作的《李有才板话》《李家庄的变迁》也非常畅销，连农村集市地摊上摆的都是赵树理的作品——这正是他的愿望，想用健康的、先进的文艺代替陈腐的、落后的文艺，用农民的话写农民的事，为农民代言，并给农民指引前进的方向。

赵树理的这种创作倾向，形成了现代文学史上一个重要的文学流派“山药蛋派”。这也是山西文学的标签，继起的西戎、李束为、马烽、胡正、孙谦，同气相投，使得山西成为全国的文学重镇。

终其一生，赵树理都有着农民的朴实和善良。新中国成立后，已经成为文艺界主要领导的他，在北京怎么也住不惯，一年有三分之二的时间待在农村，而且，他为自己既领稿费又领工资非常惭愧，主动提出不领工资，成为新中国不领工资第一人。

“文革”中，赵树理被打成“黑作家”“周扬黑帮”“写中间人物的祖师爷”，作品被诬陷为“毒草”，最终惨遭迫害而死。然而历史是公平的，正义虽然来得晚，但终究会来。1978年，赵树理彻底平反。

后　记

《山西故事》是一套以故事叙记山西历史文化的普及性读物。

斯著之成，始于山西省副省长王一新之构倡，策划创作期间，屡示洞见。山西省旅游局负责本书的具体实施和推广。山西省政府盛佃清先生，山西省人大常委会韩和平先生，山西省旅游局冯建平先生、王炳武先生，山西省新闻出版广电局齐峰先生亲力协调统筹、总理编务，襄助良多。山西省政府办公厅郭建民、樊张明、李仁贵、梅强、薛冬，山西省旅游局陈少卿以及山西省委外宣办邓志蓉、王宝贵亦不辞辛苦，为丛书撰写做了大量工作。山西大学历史文化学院张世满、朱专法、刘改芳、巫敬、焦凯夫、闫爱萍等专家学者参与本册文稿初撰工作，张世满对全部文稿进行了审核，多有裨益。一并铭谢！

图书在版编目（CIP）数据

山西故事．历史人物／晋旅主编．—太原：山西人民出版社，2015.12
ISBN 978-7-203-09341-1

Ⅰ.①山… Ⅱ.①晋… Ⅲ.①山西省—地方史②历史人物—生平事迹—山西省 Ⅳ.①K292.5②K820.825

中国版本图书馆 CIP 数据核字（2015）第 259182 号

山西故事．历史人物

主　　编：晋　旅
责任编辑：崔人杰
装帧设计：谢　成

出 版 者：山西出版传媒集团·山西人民出版社
地　　址：太原市建设南路 21 号
邮　　编：030012
发行营销：0351—4922220　4955996　4956039　4922127（传真）
天猫官网：http：//sxrmcbs.tmall.com　电话：0351—4922159
E—mail：sxskcb@163.com　发行部
sxskcb@126.com　总编室
网　　址：www.sxskcb.com

经 销 者：山西出版传媒集团·山西人民出版社
承 印 者：山西出版传媒集团·山西新华印业有限公司

开　　本：720mm×1010mm　1/16
印　　张：14.5
字　　数：200 千字
印　　数：1—3 000 册
版　　次：2015 年 12 月　第 1 版
印　　次：2015 年 12 月　第 1 次印刷
书　　号：ISBN 978-7-203-09341-1
定　　价：43.00 元